침묵으로 이끄는 말

JOHN MAIN O.S.B.
WORD INTO SILENCE

Copyright © 1981 by John Main
All rights reserved

Translated by LEE Chang-Young
Korean translation copyright © 2006 by Benedict Press
Waegwan, Korea

Published by arrangement with Darton, Longman & Todd, Ltd.,
London, England

침묵으로 이끄는 말
2006년 4월 초판 | 2009년 2월 5쇄
옮긴이 · 이창영 | 펴낸이 · 이형우
ⓒ 분도출판사
등록 · 1962년 5월 7일 라15호
718-806 경북 칠곡군 왜관읍 왜관리 134의 1
왜관 본사 · 전화 054-970-2400 · 팩스 054-971-0179
서울 지사 · 전화 02-2266-3605 · 팩스 02-2271-3605
www.bundobook.co.kr
ISBN 89-419-0609-1 03230
값 7,000원

이 책의 한국어판 저작권은
Darton, Longman & Todd, Ltd.와 독점 계약한 분도출판사에 있습니다.
저작권법에 의해 한국 내에서 보호를 받는 저작물이므로
무단 전재와 무단 복제를 금합니다.

침묵으로 이끄는 말

존 메인 지음 / 이창영 옮김

분도출판사

| 차 례 |

머리말　　　　　　　　　　　　　　7

1. 개요　　　　　　　　　　　　　17

　　자신에게 돌아가기　　　　　　19
　　침묵을 배우기　　　　　　　　27
　　만트라의 힘　　　　　　　　　36
　　충만한 생명　　　　　　　　　45

2. 묵상: 그리스도교적 체험　　　53

　　자아　　　　　　　　　　　　　55
　　성자　　　　　　　　　　　　　63
　　성령　　　　　　　　　　　　　72
　　성부　　　　　　　　　　　　　82

3. 묵상을 향한 열두 단계   91

만트라 전통 I   93
만트라 전통 II   97
만트라 말하기 I   100
만트라 말하기 II   103
자신을 버리기   106
요한 카시아누스   111
그대 마음을 왕국에 두라   117
자신의 조화를 깨달음 I   121
자신의 조화를 깨달음 II   125
현재의 실제성   129
그리스도인 공동체 I   133
그리스도인 공동체 II   137

권하는 책   141
참고한 책   143

머리말

일체성이야말로 삶에 대한 그리스도교 신자들의 아름다운 시각이다. 그것은, 성부와 더불어 일체를 이루시는 한 분 안에서 모든 인류가 하나 됨을 아는 것이다. 모든 사건, 모든 피조물은 거룩한 삼위의 조화가 이루어지는 보편적 움직임 쪽으로 인도된다. 이는 단순한 추상적 비전이 아니다. 깊은 개인적 기쁨으로 채워진 것이다. 그 안에서 개인의 가치가 인정되는 까닭이다. 이 위대한 일체성에서는 그 어떤 개별적인 아름다움도 상실되지 않는다. 오히려 모두 안에서 각자의 아름다움이 완성될 터이다. 이 일체 안에서 우리는 부름받은 그대로의 우리가 되는 것이다. 이 일체 안에서만이 우리가 누구인지 완전히 알게 된다.

이는 수세기 동안 그리스도교 전통을 이어 온 위대한 통제적 시각이다. 이것 없이 우리가 그분의 제자일 수 없다. 그리고 우리 개인의 체험을 통한 이 시각으로 성장해 나가는 것, 아니 오히려 주님의 눈으로 이를 보는 것이 바로 우리의 과제다. 그리스도교의 시각으로 보면, 삶의 중심 과제는 이 일체에 드는 것, 이 친교의 공동체에 들어가는 것이다. 이것을 찾아 설정한다는 것은 모든 이원론을 뛰어넘고 우리 안에 있는 분열, 타인과 우리를 갈라놓는 소외를 극복한다는 뜻이다. 정교한 구심성, 그리스도교적 시각의 균형을 파괴하도록 위협하는 이단이 바로 이원론이다. '이것 아니면 저것', 이를테면 하느님인가 인간인가, 자애自愛인가 애린愛隣인가, 수도원인가 저자거리인가 등의 양자택일은 쓸데없는 번민을 야기할 뿐 아니라 불가능하고 비실제적이다. 우리에게 이것을 강요하는 것 역시 이원론이다.

일체라는 그리스도교적 체험, 예수님 안에서 하느님 체험을 주고받으려면 먼저 우리 안의 이 그릇된 이분법부터 해결해야 한다. 우리는 하나이신 그분을 통해 하나가 되어야 한다.

이중성의 본성은 스스로를 증식시켜 단순성과 전체성을 복잡하게 만들 뿐이다. 우리는 우리의 근원인 단순성과 전체성을 깊은 기도로 회상해 낸다. 삶의 가장 근본적인 이중성이 바로 활동과 관상觀想의 양극화다. 그것은 많은 그리스도인을 복잡하게 만들어, 일체로 되돌아가게 하는 깊은 기도를 방해한다. 우리는 스스로를 관상적이거나 활동적이라고 생각하곤 하는데, 이 구분은 성직자뿐 아니라 평신도에게도 적용된다. 활동가들의 영성생활은 헌신이나 지적인 일에 바탕을 두는데 대부분의 신자들이 그러하다. 하느님의 인격적 체험에 감히 뻔뻔스레 저항하지 않는다. 극소수 관상가들은 특혜를 입은 사람들로서, 높은 담장과 낯선 관습뿐 아니라 특수 용어나 의사소통의 부재로 주류와 분리된다.

다른 이단들과 마찬가지로 관상에도 설득력과 생명력이 있음은 그것이 진리의 열매를 가지고 있기 때문이다. 번잡한 세상사에서 물러나 침묵·고요·고독을 최고의 가치로 삼고, 성령 안에 사는 사람들이 있는 법이다. 관상가는 설교자가 아니다. 그들은 자신의 체험을 절대 나누려 하지 않을 것이다. 그런 체험은 자신과의 통교에 그치는 것이기 때문이다. 그것은 사랑의 체험이다. 사랑은 자신의 성찬의 왕국과 통교하고 그 왕국을 나누며 확장한다. 교회의 관상적 영역에서는 신약, 곧 거룩함으로의 초대가 모든 이에게 보편적으로 적용되는 명백한 가르침을 왜곡시키고 말았다. 이는 해묵은 오해에서 비롯된 것이다. 절대자의 부르심은 우리 모두에게 적용되며, 궁극적으로 이 부르심만이 우리에게 의미가 있다. 궁극적 가치는 자유뿐이다. 우리는 여기에 반응할 수밖에 없다. 이 부르심을 받지 못한 대다수 그리스도인이 (지금까지) 교회와 교회 공동체에 깊고 뚜렷한 영향을 끼쳐 왔다. 궁극적 가치와 의미가 부정되는데, 어떻게 인간인 사제가 우리에게 전통 종교의 주요 가르침을 줄 것이라 기대할 수 있겠는가?

누구나 기도, 깊은 잠심 기도에로 부름받았다. 이 새삼스런 깨달음이 교회에서나 세속에서나 오늘날만큼 절실했던 적이 없었다. 긴 안목으로 보면, 그리스도인 간의 일치뿐 아니라 다른 민족, 다른 신앙과의 일치는 우리 내면에 각인된 일치의 내적 원리를 찾는 근거를 제공한다. 그리스도께서 진실로 우리 가운데 계시는 평화라는 것을 깨닫는다면, '전부이신 그리스도께서 모든 이 안에도 계시다'는 것을 반드시 알게 될 것이다. 우리는 그분 안에 있다. 교회가 이 체험으로 얻는 권위는, 교회요 그리스도의 몸인 우리가 그 사실을 개인적으로 깨닫는 데서 비롯된다. 권위는 겸손해야 한다. 우리 자신을 뛰어넘어 완전한 인격체에 이르게 하는 체험에 뿌리를 내려야 한다. 제자로서의 교회는 창조주께 대한 우리의 친밀함을 의미한다. 권위주의와도 거리가 멀고 권력의 남용이 빚어내는 공포나 죄책감과도 다르다. 그리스도인은 기도를 통해 자신의 권력을 버릴 줄 알게 된다. 자아를 포기할 줄 알게 된다. 그럼으로써 그리스도인은 사람들 간의 일치를 이룩하는 유일한 힘인 그리스도의 권능 안에 절대적 신앙의 근거를 마련한다. 그리스도의 권능이야말로 사랑의 힘이요, 일치 자체의 힘인 까닭이다. 그리스도인들이 기도를 통해 이 힘에 마음을 열 때, 범상한 이해력을 초월한 평화를 찾을 능력이 신장되는 것이다.

그리스도인이 기도해야 한다는 생각은 새삼스런 것도 아니다. 현대의 진정한 도전은 우리를 일치 체험으로 인도하는 깊이 있는 기도 방법, 피상적인 산만이나 자의식적 경건과 거리가 먼 기도 방법을 되찾아야 한다는 것이다. 오늘날 끊임없이 제기되는 질문은 이것이다: 이런 수준의 기도를 어떻게 할 것인가? 그런 기도의 원리를 어떻게 배울 것인가? 믿음의 깊은 실재 안에서 우리 자신에 자연스럽게 몰두하는 방법은 무엇인가? 상상에서 실재로, 개념적인 것에서 구체적인 것으로, 관념적 동의에서 개인적 체험으로의 본질적 변화가 어떻게 가능한가? 이 질문들에 관한 한, 지적인 접근만으로는 충분하지 않다. 훨씬 더 절박한 문제다. 그것은 우리 실존에 대한 도전이다. 따라서 개념이 아니라 삶을 통해서만 답을 얻을 수 있다.

'어떻게 기도하는가?' 이 질문에 대한 답을 얻는 가장 간단한 방법은 사도 바오로의 말씀에 있다. "우리는 올바른 방식으로 기도할 줄 모르지만, 성령께서 몸소 말로 다할 수 없이 탄식하시며 우리를 대신하여 간구해 주십니다. … 성령께서 하느님의 뜻에 따라 성도들을 위하여 간구하시기 때문입니다"(로마 8,26-27). '그리스도인의 기도'는, 예수님 자신 · 성령 · 성부와의 일치 체험으로 들어가기 때문에 기도에 관한 모든 까다로운 질문에서 자유롭다. 인간 의식 중심에 있는 영원히 현재적인 실재는 예수님에 대한 인격적 체험이다. 신비의 지식, 감추어진 길이나 가르침을 찾아 헤매는 우리의 모든 노력은 궁극적 비밀 — '이 비밀은 바로 예수께서 네 안에 계시다는 것' — 이 이미 드러났기 때문에 불필요하다. 그래서 기도 중에 우리는 '무슨 일'이 일어나도록 애쓰지 않는다. '무슨 일'은 이미 일어났다. 예수님의 일체 의식으로, 창조의 경이로 더 깊이 여행해 들어감으로써, 우리는 그냥 이미 일어난 바를 깨닫고 있는 것이다. 이 여행을 방해하는 자기 고착의 감옥은 '우리가 그리스도의 마음을 지녔음'을 깨달은 이들을 더 이상 잡아 두지 못한다.

이 기도의 중심이 그리스도 안에 있지 우리 안에 있는 것이 아니라는 것을 이해할 때 제기되는 질문이 바로 '어떻게?'이다. 이에 대한 그럴듯한 답이 눈앞에 있다. 이 출발점으로 떠나는 것이 우리 여정의 첫 단계다. 그것은 고되고 외로운 여정이 될 것이다. 그러나 삶의 바로 이 순간 우리는 바로 이 지점에 이르고 말았고 여행길 동반자 모두의 공동체 안에서 우리 자신을 의식하게 되었다. 스스로의 체험은 우리를 전통 속으로 인도한다. 전통을 수용하면서 우리는 전통을 생생히 되

살려 후세에 전수한다. 우리의 체험을 온전히 실제적인 것으로 만들 기회를 깨닫고 포용하는 것이 중요하다.

그리스도교 묵상의 전통은 단순하고 무엇보다 이 질문에 실제로 반응하며 유명·무명의 성인들의 풍요롭고 진지한 체험에 주목한다. 그것은 예수님의 가르침에 뿌리내린 전통이다. 그분이 살고 가르치셨던 종교적 전통이요, 사도들의 교회이며 성부이시다. 그리스도교 교회 전통은 이내 수도승 및 수도원 제도와 연계되었다. 그 후, 전체이신 성체로 번져 들어가고 동시에 성체에서 자양분을 얻는 기본 통로가 되었다. 이처럼 신비로운 것이 달리 또 있겠는가. 수도승들에게는 본질적으로 실천이 이론에 앞선다. 그들의 내적·외적 가난은 체험에 대한 성찰이 아니라 '체험 그 자체'를 북돋우도록 마련되었다. 따라서 묵상이 수도원 제도의 핵심임은 당연한 귀결일 수밖에 없다. 수도원 제도가 교회와 세상에 매우 중요한 것도 바로 그 때문이다.

교회 내에서 그런 수도원 제도는 배척되지 않고 포용될 것이다. 체험은 나눌 때만 생생해진다. 몇몇 사람이 가는 그 길을 다른 사람들은 따라가면 된다. 뭔가가 말해지고, 기록되고, 논의되어야 한다. 그러나 가르침과 말씀의 가장 중요한 목적은 기도의 창조적 순간에 동참하게 만드는 일이다. 수도승들의 침묵이야말로 진정한 웅변이다.

사람들은 때로 묵상이라는 수도원 전통의 효험에 관심을 기울인다. 그에 관해 알아들 보다가, 그들은 수도승들이 왜 침묵이 유일한 방법이라고 말하지 않는지 의아해한다. 그 속내에는 '보통 그리스도인', '비관상 기도자'에게 너무 절대적인 것을 요구하는 것은 아닌가 하는 두려움이 숨어 있다. 그러나 이것은 복음이 모든 세대, 모든 문화권에서 모든 사람에게 베푸는 요구요 기회다. 예수께서 당신을 따르라고 하신 것은 '모든 이'에게 거저 주어졌던 것이다. '보통' 사람들이 이 방법을 교회 밖 수만 가지 방법 중에서 찾고 있다는 것은 아이러니다. 이 영적 가르침을 교회 안에서 찾을 수 없었던 사람들은 동방으로 눈을 돌리거나 서방으로 유입된 동방 종교를 기웃거렸다. 그들은 자신의 전통, 즉 서방 그리스도교 묵상 전통에 관해 들으면 놀라곤 한다: "왜 이것이 우리와 그토록 멀리 있었지요?" 성령 안에서의 동·서방의 만남은 우리 시대의 가장 큰 특징 가운데 하나인바, 기도의 더 깊은 수준에서 그것을 깨닫게 될 때 비로소 열매를 맺게 될 것이다. 이는 분명 여러 그리스도교파의 진정한 일치를 이룰 것이다. 전제 조건은 우리의 이 풍요로운 전통을 재발견하고 그것을 포용할 용기를 가지는 것이다.

이 모든 것이 단순히 종교적 이상주의에 그치는 것일까? 그렇지 않다는 믿음으로 이 책은 씌어졌다. 이 믿음은 이 전통을 살아 있는 실재로 서로 나누고 주고받음으로써 얻은 우리 수도원의 체험에 근거한다. 우리 몬트리올 수도원에서는 우선 과제로 매일 네 단계 묵상을 하는데, 이는 성무일도와 성체성사와도 연계되어 있다. 이 밖에도 이 전통에 마음을 열고자 하는 모든 사람에게 그것을 나눠 주고 알려 주는 것이 우리 소임이다. 매주 정기 묵상 참여자, 손님, 기도자, 친교 시간에 와서 묵상하는 사람, 이들 대부분은 가정과 직업이 있으며 삶의 책임을 진 평범한 사람들이다. 그러나 묵상은 그들에게 말을 걸고, 매일 아침저녁 그들 삶 속에서 침묵의 공간을 창조해 내며 그들에게 그리스도 안에서 깊이와 근원을 찾게 함으로써 구조와 원칙을 제공해 주는 것이다. '활동적' 혹은 '관상적'이라 이름 붙이는 것은 웃기는 짓일 뿐이다. 그들은 복음을 들은 사람들이다. 예수님 안에서 우리에게 온 하느님 사랑의 무한한 선물에 존재의 가장 깊은 수준에서 응답하고자 찾아다니는 사람들이다. 그들은 이 응답이 하느님 사랑의 끝없는 심연으로 들어가는 여행임을 알고 있다. 그들은 이제 겨우 이 여행을 시작했을 따름이다.

이 책은 묵상에 대한 이런 사람들의 반응에 자극받아 씌어졌다. 이제 막 묵상에 입문하려는 사람들, 특히 직접 몬트리올까지 찾아와 우리와 함께할 수 없는 사람들을 위한 묵상 입문서로, 또 그들에게 용기를 주는 수단으로 우리가 몇 해 전 영국에서 녹취해 둔 자료가 이 책의 근간이 되었다. 그래서 이 책의 첫 모습은 그냥 입에서 나오는 말투 그대로였다. 나는 입말투야말로 우리 전통을 전하는 이상적인 수단이라 여기는 사람이다. 묵상이 인도하는 신비는 개인적 신비고, 우리 자신의 인격적 신비다. 묵상은 그리스도의 인성 안에서 완성된다. 그러므로 전달 방법이 개인적일수록, 그 연원과 그 목표에 더 가까이 가는 것이다.

이 책에 찍힌 글월들이 본디는 생생한 입말이었음을 기억해 주시기 바란다. 그 말들은 우리의 체험 안에 늘 살아 있어야 할 전통에서 비롯되어 전해지는 것임도 아울러 기억해 주시기를 ….

1980년 6월, 몬트리올
성 베네딕도회 수도원에서
존 메인 수사

1
개요

묵상을 배운다는 것은 기법 숙달의 문제가 아니다. 오히려 자신의 본성, 보편적 인간 본성이 아니라 자기만의 특별한 본성이 가진 심연에 직접 응답하고 감사하기를 배우는 일이다. 제일 좋기로는, 이 순례길을 인도해 줄 스승을 찾는 것이리라. 그 길에 이 작은 책이 어떤 영감을 줄지도 모르겠다.

자신에게 돌아가기

먼저 묵상의 그리스도교적 맥락을 이해해야 한다. 나는 여기서 묵상이란 용어를 관상, 관상기도, 묵상기도 등과 같은 뜻으로 쓸 것이다. 묵상의 본질적 맥락은 삶의 근본 관계, 피조물인 우리가 창조주이신 하느님과 맺는 관계에서 찾을 수 있다. 그러나 이 근본 관계의 놀랍고도 영광스런 신비에 감사하기에 앞서, 먼저 초보 단계부터 거쳐야 한다. 하느님과의 관계에 온전히 열리기 위해서는 우선 자신과의 만남부터 이루어져야 하고, 자신과의 온전한 관계 속으로 들어가야 한다. 달리 말해, 평화·평온·조화를 얻을 자신의 능력을 찾아 증진시키고, 그 능력을 체험해 봐야 비로소 이 모든 조화와 평온의 창조주이신 성부께 감사드릴 수 있는 것이다.

묵상은 무엇보다, 우리 안에 내재한 신성이 주는 평화에 감사하고 자신과 평화로이 있을 준비를 하는 매우 단순한 과정을 말한다. 현대 도시 생활의 억압에서 벗어나 내적 평화를 얻고 긴장을 풀도록 도와주는 수단을 묵상이라고 생각하는 이가 많은데, 그 자체 전혀 틀린 생각은 아니다. 그러나 이것은 대단히 제한적인 견해다. 우리가 내적으로 이완될수록 그리고 묵상을 오래 할수록 일상에서 새로이 발견하는 이 고요의 원천이 바로 우리 안에 계시는 하느님의 생명임을 더 잘 깨닫게 된다. 우리가 누리는 평화는 이 깨달음의 정도에 비례한다. 이는 세상 모든 이의 삶에 적용되는 사실이다. 그러나 이 사실을 삶의 실제성으로 깨닫기 위해 우리는 평화 중에 머물려는 결심을 해야 한다. 이는 시편 저자가 "너희는 멈추고 내가 하느님임을 알아라"[1]라고 말하는 이유이기도 하다.

우리의 문제가 시편 저자의 문제보다 더 심각하고 우리 삶의 템포가 그의 삶보다 더 빠르다 해도, 우리는 이 깊은 내적 평화를 그가 살던 때보다 지금 더 자유롭게 활용할 수 있다. 예수님의 위대한 실재성 때문이다.

신약의 위대한 화두는 예수께서 우리에게 당신 성령을 주심으로써 인간의 의식 구조를 극적으로 변형시키신 것이다. 예수 그리스도께서 우리를 구속하심으로써 사도 바오로가 완전히 새로운 창조라 말할 수밖에 없었

---

[1] 시편 46,11.

던 차원에까지 우리의 명오가 열린 것이다. 예수께서는 인간 존재 안으로 온전히 들어오셨다. 그분께서 인간을 위해 하신 모든 일의 결과로 우리는 문자 그대로 재창조된 것이다. 로마 신자들에게 보낸 서간 5장에서 바오로 사도는 하느님께서 당신 아들 예수님 안에서 행하신 바에 관하여 쓰고 있다.

> 그러므로 믿음으로 의롭게 된 우리는 우리 주 예수 그리스도를 통하여 하느님과 더불어 평화를 누립니다. 믿음 덕분에, 우리는 그리스도를 통하여 우리가 서 있는 이 은총 속으로 들어올 수 있게 되었습니다. 그리고 하느님의 영광에 참여하리라는 희망을 자랑으로 여깁니다. 그뿐만 아니라 우리는 환난도 자랑으로 여깁니다. 우리가 알고 있듯이, 환난은 인내를 자아내고 인내는 수양을, 수양은 희망을 자아냅니다. 그리고 희망은 우리를 부끄럽게 하지 않습니다. 우리가 받은 성령을 통하여 하느님의 사랑이 우리 마음에 부어졌기 때문입니다.[2]

여기에 대해 잠시 숙고하면서 그 놀라운 주장을 되새겨 보자. '지금 서 있는 바로 그곳에서 우리는 하느님 은총

---
[2] 로마 5,1-5.

의 영역에 들어가도록 허락받다.' '하느님의 사랑은 그분께서 우리에게 주신 성령을 통하여 우리 마음속으로 흘러 들어오신다.' 사도 바오로는 단순한 이론가가 아니었다. 그는 모든 사람이 깨달아야 할 실제 사건을 열렬히 전한 사람이었으며, 그의 말은 모든 사람이 함께 나눌 실제성을 이 사건에 절실히 부여하는 지표였다. 그의 위대한 신념은 우리 그리스도 신앙의 중심이 되는 실제성이 바로 예수께서 성령을 보내심이라는 믿음이었다. 실로 우리 신앙은 하느님의 살아 계신 성령께서 죽어 없어질 우리 육체에 새 삶을 주고 우리 안에 거하시는 까닭에 확연히 살아 있는 신앙이다.

그리스도교 묵상의 가장 중요한 목표는 하느님의 신비롭고도 말 없는 현존이 우리 안에서 **그저 하나의** 실제성이 아니라 우리 삶의 **유일한** 실제성이 되도록 허락하는 것이다. 또한 우리가 하는 모든 일에, 우리 존재를 드러내는 모든 일에, 의미와 형태와 목적까지 부여하는 **바로 그** 실제성이 되도록 허락하는 것이다.

묵상은 학습 과정이다. 주의를 기울이고, 집중하며, 주목하는 것을 배우는 과정이다. 오든은, 학교야말로 세속적 맥락에서 기도의 정신을 가르쳐야 하는 장소라고 말함으로써 정확히 핵심을 짚었다. 그는 시나 그림, 수학 문제, 현미경으로 보는 나뭇잎 등, 무엇이든 어떻게 하면 눈앞에 있는 그대로, 그 자체로 온전히 집중할

수 있는지를 가르침으로써 그리할 수 있으리라고 주장했다.[3]

그래서 먼저 자신에게 주의를 기울이는 일이 묵상 학습의 첫째다. 우리가 누구인지를 온전히 깨달아야 하는 것이다. 하느님께서 우리를 창조하셨다는 사실을 한순간이라도 진정으로 이해할 수 있다면 우리 자신의 잠재력에 대해 느낌이 올 것이다. 우리는 거룩한 근원으로부터 나온 존재다. 하느님이 우리의 창조주이시다. 그리스도인의 눈으로 보면, 하느님께서는 우리를 창조하시고 난 후 우리 자신에게 우리를 맡겨 두고 떠나셨지만, 그러고도 여전히 우리를 사랑하시는 성부이시다. 이는 우리가 묵상 중에 마음에 새기고 온전한 주의를 기울여야 할, 우리에 관한 사실이다. 그토록 오랫동안 자신을 하찮게 여기고, 너무 바쁘고 귀찮아서 자신이 누구인지 알아보지 못한 채 삶을 손가락 새로 흘려버린 것은 이 중요한 사실을 그냥 잊고 있었기 때문이다. 어떻게 그토록 하찮아질 수 있었으며, 어떻게 우리 자신과 우리 삶을 그토록 귀찮아할 수 있었던가. 우리의 거룩한 근원이신 예수께서 이 하찮음과 지루함에서 우리를 거룩하게 구속하셨다는 사실에 충분한 주의를 기울이지 않았기 때문이다. 성령이 거하시는 교회인 우리

---

[3] W.H. Auden, "A Certain World" (*A Commonplace Book*, New York: Viking Press 1970) 306.

자신의 신성함에 주의를 기울이지 않았다는 말이다.

묵상은 그리스도라는 사건의 맥락에서 우리가 가진 무한한 잠재력을 깨달아 가도록 자신에게 시간을 주는 과정이다. 로마서 8장에서 사도 바오로가 말했듯이 하느님께서는 "미리 정하신 이들을 또한 부르셨고, 부르신 이들을 또한 의롭게 하셨으며, 의롭게 하신 이들을 또한 영광스럽게 해 주셨던"[4] 것이다.

묵상 중에 우리는 이 광휘에 자신을 열어 보인다. 달리 말하면, 묵상 중에 우리 자신이 누구인지, 왜 우리가 있는지를 알아낸다는 뜻이다. 묵상 중에 우리는 자신에게서 도망가는 것이 아니라, 자신을 발견한다. 자신을 부정하지 않고 긍정한다. 아우구스티누스 성인은 이를 간결하고도 아름답게 표현했다. "우선 자신을 되찾아야 한다. 자신 안에 디딤돌을 놓듯이, 그런 후에 몸을 일으켜 하느님 안에서 다시 태어나야 한다."[5]

내가 지금까지 말한 것에 이미 익숙한 사람도 많을 것이다. 우리는 하느님께서 우리의 창조주임을 이미 안다. 예수께서 우리의 구속자라는 것도 안다. 우리 안에 머무시도록 예수께서 성령을 보내셨다는 것도 안다. 영원에 대한 우리의 운명도 어느 정도는 알고 있다. 그러나 많은 그리스도인의 약점은 이 모든 사실을 신학 이

---

[4] 로마 8,30.

[5] *Retractions* 1 (viii) 3 (Migne, PL XXXII).

론의 차원에서는 알지만 그 진리가 마음속에서는 진정으로 살아 있지 못하다는 것이다. 진리가 생각에만 머물고 깨달아지지는 않고 있다는 것이다. 우리는 교회, 신학자, 설교자나 책을 통해 이 진리를 알고 있다. 그러나 이 진리를 삶의 근본 진리로, 확신과 권위를 주는 확고한 근본으로 깨닫지는 못한다.

그리스도교 묵상에 본질적으로 새롭거나 현대적인 것은 없다. 묵상의 목표는 온전히 집중하여 자신의 본성을 바라보고 피조물인 우리 자신을 먼저 체험하며, 무엇보다 마음 안에 거하시는 살아 계신 하느님의 성령께 향하고 그를 체험하는 것이다. 우리 안에 계시는 성령의 생명은 불멸하고 영원하다. 그리스도 신앙 안에서 묵상을 이끌어 내는 진리는 이런 의미에서 늘 새롭고 영원토록 현대적이다.

묵상 중에 우리는 하느님도, 그분의 아드님이신 예수님도, 성령에 대해서도 생각하려 애쓰지 않는다. 우리는 그저 가늠할 길 없이 위대한 어떤 것을 하려고 할 뿐이다. 스쳐 지나가는, 우연적인 모든 것을 제쳐 두고 하느님에 관해서만 생각하려는 것이 아니다. 하느님과 함께 있으면서 우리 존재의 근본이신 그분을 체험하고자 할 뿐이다. 다만 예수님이 성부의 현현이시며 우리가 성부께로 가는 길이심을 알고자 할 뿐이다. 그러면서도 우리 안에 계시는 예수님의 현존과 그분 성령의 진정한 힘을 체험하고, 그 체험을 통해 그분의 아버지요 우리 아버지이신 분의 현존으로 부름받기를 원할 뿐이다.

그리스도교 신앙의 진리에 관하여 숙고하는 것과 그 진리를 체험하는 것, 이 진리를 남들이 말하는 대로 믿는 것과 개인적인 증명을 통해 스스로 이 진리를 믿는 것, 그 사이에 심각한 차이가 있다는 사실을 오늘날 많은 사람들이 잘 알고 있다. 기도 전문가만이 이 진리를 체험하고 증명하는 것이 아니다. 사도 바오로는 영감과 환호에 가득 찬 편지들을 일부 성직자 집단에게만 보낸 것이 아니라, 로마 · 에페소 · 코린토에 사는 평범한 푸줏간 주인 · 빵집 주인에게도 보냈다.

이 진리는 각자가 묵상 중에 스스로 알아내도록 요구되고 있다.

침묵을 배우기

이제 묵상에 필요한 침묵에 대해 좀 더 자세히 알아보자. 아무리 아름답고 신실한 말이라도 묵상에는 필요하지 않다. 당신 말씀이 모든 말의 처음이자 끝인 하느님과 이 깊고 신비로운 통교에 들면 우리의 말은 효력을 잃는다. 주님께서는 "나는 알파요 오메가다"라고 말씀하셨다.

우리 안에 거하시는 하느님 말씀과의 이 거룩하고 신비로운 통교에 들기 위해서는 무엇보다 침묵할 용기를 지녀야 한다. 깊고 창조적인 침묵 중에 우리는 지성과 언어의 모든 힘을 초월하는 방법으로 하느님을 만난다. 생각만 가지고는 하느님을 이해하지 못한다는 것을 우리는 근본적으로 알고 있다. 철학자 알프레드 화이트헤드A. Whitehead가 인간의 시간 탐구에 관해 말한 것이 하느님에 대한 인간의 사고에 똑같이 적용될 수 있다. 그는 "인간 지성의 한계에서 압도되는 감동 없이 시간과 자연의 창조적 경과의 신비를 묵상하는 것은 불가능하다"[6]고 말했다.

자신의 한계에서 느끼는 이 "감동"은 우리를 침묵으로 인도한다. 거기서는 생각하기보다는 오히려 경청하고 집중하고 주목할 일이다. 하느님과 우리가 맺는 관계는 거대한 공간까지 끌어안는 신비의 관계다. 우리는 경외로운 침묵 능력을 키워 감으로써만 그 거대한 공간이 빚어내는 경이의 작은 한 부분이라도 감지할 수 있다. 하느님께서는 우리 가까이 계시지만 우리보다 한없이 크신 분이라는 것을 우리는 안다. 이 신비한 역설의 대점對點을 조화시키는 것이 바로 해방의 깊은 침묵이다. 침묵 기도 중에 체험하는 이 해방은, 우리 안에 계시는 하느님의 내밀하고도 초월적인 지배를 체험하기 시작하면서 언어의 필연적 왜곡 효과로부터 자유로워지는 것을 의미한다. 해방하는 성령을 체험하는 사람은 누구나 사도 바오로가 로마 신자들에게 보낸 서간 8장의 의미를 알 것이다. "그러므로 형제 여러분, 우리는 육에 따라 살도록 육에 빚을 진 사람이 아닙니다."[7]

그는 이 멋진 확신을 콜로새 신자들에게 보낸 서간 1장에서도 밝혔다. "아버지께서는 우리를 어둠의 권세

---

[6] 참조: G.H. Whitrow, *The Nature of Time* (Penguin 1975) 144.

[7] 로마 8,12.

에서 구해 내시어 당신께서 사랑하시는 아드님의 나라로 옮겨 주셨습니다."[8]

언어와 사고의 한계에서 자유로울 수 있음은 이 왕국이 이미 건설되어 우리 안에 현존하는 까닭이다.

아마 쉽사리 이 침묵에 도달할 수는 없을 것이다. 분명히 오래 걸린다. 그것은 혀나 단속할 문제가 아니다. 정신 바짝 차리고 내면의 고요를 지키는 일이다. 이는 서구인들에게 친숙한 의식 상태가 아니다. 우리의 정신은 대개 긴장 아니면 이완, 둘 중 하나다. 이 두 상태가 결합되는 경우는 드물다. 묵상 중에 완전한 이완과 긴장을 동시에 달성할 때 우리는 자신을 체험하게 된다. 잠의 고요와 달리 이 고요는 온전히 깨어 있는 집중이다.

아주 작은 핀셋을 능란하게 다루는 시계공을 본 적이 있는가. 안경 너머로 시계 속을 면밀히 들여다보는 모습이 얼마나 고요하고 안정되어 있는지 보았을 것이다. 그의 고요는 일에 대한 완벽한 집중이요 진지한 몰입이다. 마찬가지로, 묵상 중의 고요는 단순히 수동적 상태가 아니다. 자기 존재의 경이에 대한 완벽한 열림이요 완벽한 각성이다. 우리 존재의 창조주요 유지자이신 하느님의 경이에 대한 완벽한 열림이요 하느님과 하나 됨

---

[8] 콜로 1,13

에 대한 완벽한 각성이다.

간단한 실천 요령은 이렇다: 우선 편한 자세로 앉아야 한다. 긴장을 풀고 편안히 앉되 방만한 자세는 금물이다. 등을 펴고 척추를 곧게 세운다. 몸이 부드럽고 경쾌하다면 방바닥에 앉아 가부좌를 틀어도 좋다. 의자는 등받이가 곧고 편안한 팔걸이가 있는 것이 좋다. 호흡은 규칙적이고 고요해야 한다. 모든 근육을 이완시킨 후 몸에 맞추어 마음을 가다듬어 보라. 이때 필요한 내적 자세는 고요한 마음과 평화로운 정신이다. 이제 묵상에 도전하자. 그냥 조용히 앉아 있기는 쉽다. 그러나 극단의 고요 속에 앉아 있는 일을 배워야 한다. 묵상의 진정한 과제는 몸과 마음과 정신의 조화에 이르는 것이다. 그것이 하느님의 평화, 모든 이해를 초월하는 평화의 의미다.

인도의 신비가 스리 라마크리슈나Sri Ramakrishna는 19세기 벵골 지방 사람이다. 그는 마음을 원숭이 떼로 가득 찬 나무에 비유했다. 끊임없이 이 가지 저 가지를 뛰어다니며 번잡하고 부산한 소동을 벌이는 원숭이들 말이다. 묵상을 시작하면, 마음속에서 끊임없이 들끓는 소용돌이 때문에 이것이 얼마나 멋진 비유인지를 실감하게 된다. 기도는 소음을 또 다른 수다로 덮거나 죽여서 혼란을 더하는 것이 아니다. 묵상의 과제는 모든 동요와 산란한 마음을 고요, 침묵, 집중으로 돌려 적절히 사용할 수 있게 하는 것이다. 이것이 바로 시편 저자가 우리에게 준 목표다. "너희는 멈추고 내가 하느님임을 알아라"(시편 46,11). 이 목표를 달성하는 데 도움이 될 간단한 방편이 있다. 6세기 베네딕도 성인이 수도승들에게 요한 카시아누스의 『대화집』을 읽도록 권한 것도 그중 하나다.[9]

카시아누스는 부단히 기도하기를 배우고 싶은 사람은 짧은 한마디를 택하여 그 말을 쉼 없이 되풀이하라고 권한다. 그는 열 번째 「대화」에서, 마음속의 온갖 번잡과 원숭이의 수다를 몰아내고 하느님 안에서 쉴 수 있는 최상의 방법이 바로 이 단순하고 부단한 반복법이라 강조했다.[10]

나는 카시아누스의 책을 읽고, 성전 뒤에 숨어 줄곧 한마디만 되풀이하던 죄인의 기도를 기억했다. 그는 "오, 하느님! 이 죄인을 불쌍히 여겨 주십시오"라고만 기도했다. 예수께서는 그가 "의롭게 되어" 집으로 갔다고 말씀하신다. 그러나 성전 앞에서 큰 소리로 감동적인 기도를 바치던 바리사이는 용서를 받지 못했다.[11] 기도에 대한 카시아누스의 가르침은 전부 복음에 기초를 둔 것이다. "너희는 기도할 때에 다른 민족 사람들처럼

---

[9] *Rule of St Benedict* 42,6.13; 73,14.

[10] Cassian, *Conference* 10,10.

[11] 루카 18,9-14 참조.

빈말을 되풀이하지 마라. 그들은 말을 많이 해야 들어주시는 줄로 생각한다. 그러니 그들을 닮지 마라. 너희 아버지께서는 너희가 청하기도 전에 무엇이 필요한지 알고 계신다."[12]

기도란 우리가 하느님께 말씀을 드리는 것이 아니라 그분에게 귀 기울이고 그분과 함께 있는 것이다. 이것이 요한 카시아누스가 권하는 기도의 이면에 숨은 뜻이다. 기도하고 귀 기울여 듣고 싶다면 조용히 해라. 고요해져야 한다. 이는 짧은 말을 되풀이함으로써 가능하다. 카시아누스의 방법은 당대에 이미 오랜 전통이었고 지금도 보편적이고 지속적인 전통으로 남아 있다. 천 년 후 『무지의 구름』을 쓴 영국 저자도 이 방법을 새삼 권한다. "우리는 정신의 높이 · 깊이 · 길이 · 너비 속에서 잡다한 말이 아니라 간단한 말로 기도해야 한다."[13]

참신한 생각인 것 같기도 하고 어쩌면 이상하게 들릴 수도 있겠다. 그러나 묵상의 이 근본 기법을 되풀이해 보자. 편안하게 앉아서 긴장을 푼다. 똑바로 앉았는지 확인하라. 고요하고 규칙적으로 호흡하라. 눈을 감고 마음속에서 화두로 택한 단어를 되풀이하라.

동양 전통에서는 이 단어를 '만트라'*mantra*라고 한다. 그래서 지금부터는 나도 '만트라를 외시오'라고 할 것

---

[12] 마태 6,7-8.

[13] *The Cloud of Unknowing*, ch.39.

이다. 만트라를 선택하는 것은 매우 중요하다. 다시 말하거니와, 만트라를 선택할 때는 스승과 의논하는 것이 좋겠다. 그러나 초심자에게 적당한 만트라들이 여럿 있다. 도와줄 스승이 없다면 수세기에 걸친 우리 그리스도교 전통에서 참구해 온 단어를 선택해야 할 것이다. 이들 중에는 초기 교회에서 그리스도교 묵상을 위해 만트라로 선택한 것들이 있다. 그중 하나가 아람어 '마라나타'*maranatha*다. 이 만트라는 내가 대부분의 초심자들에게 권하는 것인데, '주님, 오소서. 오소서, 주 예수님'이라는 뜻이다.

이 단어는 사도 바오로가 코린토 신자들에게 보낸 첫째 서간을 끝맺으며 쓴 단어요[14] 사도 요한이 묵시록을 끝맺으며 쓴 단어이기도 하다.[15] 이는 또 초대 그리스도교 전례에 등장하는 단어이기도 하다.[16] 나는 이 아람어 표현을 선호하는데, 우리와 별 연관이 없어서 모든 심상에서 비교적 자유로운 묵상에 들도록 우리를 도울 것이기 때문이다. 예수님 이름도 또 다른 만트라가 될 수 있다. 예수께서 기도할 때 쓰신 '아빠'*Abba*라는 말도 만트라가 될 수 있다. 아람어로 '아버지'란 뜻이다. 소중히 새겨야 할 것은, 되도록 스승의 도움으로 한 단어를

---

[14] 1코린 16,22 참조.
[15] 묵시 22,20 참조.
[16] *didache* 10,6.

선택하여 마음에 품는 것이다. 일단 선택한 만트라를 갑자기 다른 것으로 바꾸는 것은 묵상의 발전을 더디게 한다.

요한 카시아누스는 가난한 말 한마디에 마음을 한정하는 데 묵상의 목적이 있다고 했다. 그는 설명을 통해 이 말의 온전한 뜻을 새겨 주었다. 바로 "당당하게 가난해짐"에 관해 말하고 있는 것이다.[17] 묵상은 분명 가난에 대한 새로운 통찰을 부여해 줄 것이다. 만트라를 계속 외우노라면 "행복하여라, 마음이 가난한 사람들!"[18]이라고 하신 예수님 말씀의 뜻이 체험 너머로 점점 더 깊이 와 닿는다. 만트라를 충실히 반복함으로써 신앙의 의미도 매우 구체적인 방법으로 알게 된다.

묵상 중에 우리는 자신의 가난을 선포한다. 가난한 말 한마디에 마음을 한정시킴으로써 우리는 언어·사고·상상을 포기할 수 있게 된다. 그리하여 묵상의 과정은 단순함 그 자체가 되는 것이다. 이것의 유익함을 체험하려면 매일 두 차례씩은 꾸준히 묵상해야 한다. 최소한 20분, 평균 25~30분 정도가 적당하다. 묵상 시간과 장소가 매일 일정하면 더욱 도움된다. 묵상을 생명의 성장에 필요한 창조적 리듬, 맥박에 어울리는 리듬의 일종으로 보는 데 도움을 주기 때문이다. 그러나

---

[17] *Conference* 10,11.

[18] 마태 5,3.

이 모든 것을 실천하고도, 묵상에 관해 유념해야 할 가장 중요한 사실은 별도로 정한 묵상 시간, 『무지의 구름』 저자가 말한 "작업 시간"[19] 내내, 만트라를 충실히 반복해야 한다는 것이다.

---

[19] *The Cloud of Unknowing*, ch.4-7, 36-40.

만트라의 힘

그리스도인의 기도는 근본적으로 성령 충만한 체험이다. 그래서 기도에 관해 말하거나 생각할 때, 우리는 자신이 아니라 성령에 초점을 맞춘다. 로마서 8장에서 사도 바오로는 이렇게 말했다. "성령께서도 나약한 우리를 도와주십니다. 우리는 올바른 방식으로 기도할 줄 모르지만, 성령께서 몸소 말로 다할 수 없이 탄식하시며 우리를 대신하여 간구해 주십니다. 마음속까지 살펴보시는 분께서는 이러한 성령의 생각이 무엇인지 아십니다."[20]

성령 충만한 기도 체험은 경이에 대한 우리의 능력과 우리 존재의 초월적 잠재성에 대한 이해력을 증진시킨다. 기도 앞에서 실재에 대한 우리의 주된 확신은 한계

---

[20] 로마 8,26-27.

를 보일 수밖에 없다. 이제 우리는 모든 것을 스러져갈 무상의 차원에서 보게 된다. 우리는 피할 수 없는 생사의 고리인 불교적 '삼사라'samsara에 사로잡혀 있음을 느낀다. 그러나 기도 후에는 자신과 모든 피조물에 대한 우리의 주된 신념이 하느님의 경이와 광휘를 묵상하는 모든 것 안에서 한없는 능력을 보인다.

그러면 놀라운 일이 일어난다. 우리 안에 계시는 하느님의 힘에서 경이감이 점점 커지면서, 조화와 우리가 지닌 창조적 전체성에 대한 인식도 점점 깊어지는 것이다. 그리고 우리 자신을 처음으로 알게 되었다는 느낌도 가지게 된다. 그러나 우리가 이것을 자신의 개인적 조화로만 인식하는 것이 아니라 진정한 감정이입에 대한 새로운 능력, 남들과 평화로이 지낼 능력, 그리고 진실로 전 피조물과 더불어 평화를 누릴 수 있는 능력으로 체험하기 시작한다는 데 이러한 발견의 진정한 초월성이 있다.

묵상 중에 우리 안에서 함께 기도하시는 성령에 대한 인식을 키워 가는 법은 그냥 단순하고 신실하게 만트라를 외우는 것이다. 우리 전 존재를 통합하는 만트라를 충실히 반복하는 것이다. 우리가 그리하는 것은 그것이 우리를 침묵과 집중에 이르게 하고, 우리 존재의 심연에서 하느님 사랑의 역사하심에 우리 마음을 여는 데 필요한 차원으로 우리를 인도하는 까닭이다.

이 과정을 이해하려면 고요하고 편안하게 앉아서 마음을 진정시키고 만트라, 가령 마라나타, 아니 마 - 라 - 나 - 타를 외워 보라. 고요하고 평온하게, 20~30분 가량의 묵상 시간을 바쳐 이 단어를 충실히 반복해 보라. 마음속으로 만트라를 말하면서 묵상을 시작하는 것이다. 정신의 형식에 얽매인 현대 서구인이라면 시작할 방도가 없을 것이다. 그러나 단순한 믿음을 가지고 계속할 때, 만트라는 머릿속이 아니라 마음속에서 말하게 될 것이다. 이제 그것은 우리 존재의 심연에 뿌리내린 듯하다.

정교회의 영성 대가들은 그들이 "마음기도"라 부르는 것의 본질적 중요성을 늘 강조해 왔다. 그들은 타락의 근본 귀결을 마음과 정신의 분열로 보았다. 실로 이러한 의미에서의 내적 분열은 서구인의 자기 이해에 깊이 스며 있다. 죄를 20세기 말로 표현하면 '소외'다. 그 뜻의 광대한 스펙트럼을 깊이 생각해 보면, 마르크스주의적 의미, 무기력·무의미·자기 소외의 의미를 깊이 생각해 보면, 우리가 자신에 대해 가진 이 개념을 깊이 생각해 보면, 우리가 얼마나 심각하게 분열되어 있는지를 깨닫게 된다. 묵상에서는 이 온갖 소외가 마음과 정신 사이의 근본적인 구분 하나로 해소된다. 정신은 진리의 기관이요 마음은 사랑의 기관이다. 그러나 바쁘다는 핑계, 권태, 따분함, 거짓으로 점철되지 않고서야 서로가 따로 움직일 수는 없는 노릇이다.

인간의 진정한 종교적 이해는 상벌 개념을 통해서가 아니라, 전체성과 분열이라는 개념을 통해서 접근해야 한다. 동서양 최고의 종교적 통찰은 우리의 모든 소외가 해소되어 사고와 감정의 힘이 마음속에 하나로 통합되어 있다는 것이다. 『우파니샤드』Upanishad는 정신이 마음속에 머물러 있어야 한다고 한다.[21] 사도 바오로도 사랑이 모든 차원과 활동을 뛰어넘는 가장 위대한 것이라면서, 인간 내면에 깃든 일체성에 대한 비전을 선포했다.[22] 정교회의 성인들은 그리스도교적 삶의 본질적 과제를 기도를 통한 마음과 정신의 통합에서 찾았다. 만트라에는 이와 같은 통합력이 있다. 그것은 우리 영혼의 심연에서 울리는 화음과 같은 것으로, 우리를 자신의 전체성과 중심적 조화로 심화시킨다. 짙은 안개 속에서도 레이더 신호가 비행기를 공항으로 인도하듯이, 만트라는 우리를 이 조화의 원천으로, 우리의 중심으로 인도한다. 만트라는 자석이 쇳가루를 자장磁場 속에 배열하듯 우리의 모든 힘과 능력을 가지런히 조화시킴으로써 우리를 재정돈하기도 한다.

묵상을 시작할 때 세울 기본 목표는 셋이다. 첫째, 묵상 내내 만트라를 외우기만 하라. 이 첫 단계를 완수

---

[21] *Maitri Upanishad* 6,24.

[22] 1코린 13,13 참조.

하는 데 시간이 좀 걸릴 것이고 그러다 보면 인내심도 길러진다. 우리 모두에게 묵상은 매우 자연스런 과정이다. 육체의 성장이 자연의 리듬을 타고 개인차를 보이며 이루어지듯, 기도의 삶도 전적으로 자연적으로 발전해 간다. 뭔가 억지로 일어나게 할 수는 없다. 서두르거나 바라지 말고 그저 만트라만 외우면 될 일이다.

둘째, 마음 안팎이 아무리 산만해도 고요 가운데 머물러 묵상 내내 방해받지 않고 만트라를 외우라. 이 단계에서 만트라는 강요나 방해에도 휘청거리지 않고 마음의 거친 들판을 거침없이 질주하는 쟁기와도 같다.

셋째, 묵상 내내 온갖 산만함에서 벗어나 만트라를 외우라. 이제 겉마음도 존재 핵심의 깊은 평화와 공명하고 있다. 같은 화음이 우리 존재를 관통하는 것이다. 이 단계에서 우리는 사고와 상상과 심상의 피안으로 건너간다. 우리는 그저 실재, 우리 마음속에 사시는 하느님의 현존과 더불어 쉬면 된다.

여기까지 읽으면 이것이 엄청 야심 찬 노고라 생각될지도 모르겠다. 그러나 모든 것을 떠나 예수님만 따르고 예수님의 초대에 응하기만 하면 될 뿐이다.[23] 모든 생각과 상상을 떠나 순수한 마음으로 그분을 따르고자 애쓰면 된다. 이 점에서 묵상은 정화의 과정이다. 블레

---

[23] 루카 9,23 참조.

이크는 "지각知覺의 문만 깨끗하면 만사가 있는 그대로, 무한으로 보인다"[24]라고 썼다. 만트라를 도구로 우리는 덧없는 온갖 사념들을 흘려보내고 영원의 절대자, 하느님 안에서 쉬는 법을 배운다. 사도 바오로는 로마서 12장에서 이를 행하도록 간절히 호소한다.

> 그러므로 형제 여러분, 내가 하느님의 자비에 힘입어 여러분에게 권고합니다. 여러분의 몸을 하느님 마음에 드는 거룩한 산 제물로 바치십시오. 이것이 바로 여러분이 드려야 하는 합당한 예배입니다. 여러분은 현세에 동화되지 말고 정신을 새롭게 하여 여러분 자신이 변화되게 하십시오. 그리하여 무엇이 하느님의 뜻인지, 무엇이 선하고 무엇이 하느님 마음에 들며 무엇이 완전한 것인지 분별할 수 있게 하십시오.[25]

우리 본성의 이러한 변모는 실제적이고 즉각적인 가능성으로 우리 앞에 있다. 이는 진정한 그리스도인의 체험이요 성령 안에서 새로 남의 체험이다. 우리 안에 살아 계신 하느님 성령의 힘을 깨달을 때 우리가 새로 태어나는 체험이다. 우리 안에 계시는 성령의 현존을 깨달음으로써 우리 안에서 자유로이 우리를 변모시키도

---

[24] *A Memorable Fancy: The Ancient Tradition.*

[25] 로마 12,1-2.

록 하는 것이다. 만트라는 하느님 사랑이 그분께서 주신 "성령을 통하여"[26] 우리 마음속에 흘러든다는 것을 체험하게 한다. 만트라는 우리를 그리스도교의 핵심적 체험에로 인도하는 간단한 장치다.

사도 바오로가 내면으로부터 그토록 기뻐하며 깨달은 후 우리에게도 진심으로 전해 주고 싶어 한 그 말씀을 스스로 깨닫지 못한 채, 가려지고 닫힌 마음으로 읽기만 하는 일은 현대 그리스도인에게 너무 쉽다. 심지어 설교도 할 수 있다. 그러나 우리에게 권위와 확신, 용기가 부족한 것은 눈앞에 영원히 현존할 그 실재를 우리가 스스로 체험하지 못했기 때문이다. 바오로 사도는 "모든 성도와 함께 너비와 길이와 높이와 깊이가 어떠한지 깨닫는 능력을"[27] 지니라고 했다. 복음서의 이 놀라운 메시지를 온전히 받아들일 마음의 준비를 해야 한다. 우리가 이미 속량되었음을 전하는 저 메시지의 거대한 스케일을, 우리 의식이 충분히 확장되기 전까지는 결코 알 수 없을 것이다. 또 우리가 실제 사용하는 전통 종교 언어의 의미도 알 수 없을 것이다. 우리 의식이 확장되기 전까지, 마음과 정신은 유한한 일상의 사소함에 집착하고 있을 것이다. 블레이크의 말대로 묵상은 우리 "지각의 문"을 닦는 것이며, 마음과 시야를

---

[26] 로마 5,5.
[27] 에페 3,18.

확장시키기 위해 우리가 따라야 할 방법이다.

  이는 규칙적인 묵상이 열어 줄 지평에 대한 몇 가지 개념을 제공한다. 우리 안의 하느님 나라를 온전히 깨닫기까지 거쳐야 할 단계들이 물론 여럿 있다. 그러나 우리가 거쳐야 할 단계에 마음 쓰느라 시간과 정력을 낭비하지 말아야 한다. "어린이와 같이 하느님의 나라를 받아들이지 않는 자는 결코 그곳에 들어가지 못한다."[28] 우리가 해야 할 바는 그냥 묵상을 시작하는 것이다. 하느님의 사랑과 권능에 자신을 열어 보이는 것이다. 이를 위해서는 그저 사랑과 깊은 믿음의 영으로 만트라만 외우면 된다.

  묵상에서 발전의 단계는 때가 되면 이루어질 것이다. 때는 하느님이 정하신다. 발전에 대한 자의식이 지나치면 오히려 더뎌질 뿐이다. 올곧게 나아가도록 한없이 도와줄 스승이 필요한 때가 바로 이 시점이다. 그러나 스승도 만트라를 외우라는 단 하나의 가르침만 줄 수 있을 뿐이다. 더 해 봤자 만트라가 의식 속에 뿌리내리도록 용기와 위안을 주는 정도다. 깨달음의 길은 우리 스스로 걸어야 한다. 각자 스스로 지혜를 얻는다. 스승은 정진하라 일깨워 줄 뿐이다. 어둠을 내치는 이, 곧 '스승'(구루)이란 '한결같은 자'라는 뜻이다.

---

[28] 마르 10,15.

제일 강한 유혹은 자신을 복잡하게 하는 것이다. "어린이처럼 되지 않으면 …." 묵상은 우리를 단순하게 만든다. 진리 전체, 사랑 전체를 온전히 받아들일 수 있을 만큼 단순하게 만든다. 묵상은 우리 안에 계시는 예수님의 영을 어린아이처럼 주목하도록 우리를 준비시켜 이를 가능하게 한다. 묵상을 계속하면 성령과 우리 마음에 머물면서 우리를 밝히고 생기를 주시는 사랑이신 하느님과의 관계 속으로 그 어느 때보다 깊이 들어가게 된다.

충만한 생명

묵상을 처음 접하는 초심자는 종종 묵상을 자기중심적 내성의 또 다른 유행으로 오해하는 잘못을 범한다. 흔히 문외한들에게는, 묵상하는 사람들이 자기 속으로 너무 깊이 침잠하여 뿌리 깊고 불건강한 자기 도취를 저급하게 드러내는 것처럼 보이기도 한다. 얼마든지 이해할 만하다. 아우구스티누스 성인도 말했듯이, 인간이 하느님께로 오르려면 먼저 자신부터 찾아야 하기 때문이다. 묵상 중에 우리는 창조가 은총이라는 믿음을 확고히 한다. 우리가 존재한다는 사실이 하나의 경이라는 것을 인식한다. 그러면 우리는 시간을 투자하고 이를 견딜 준비를 하게 된다. 왜냐하면 예수께서는 당신의 사명이 우리를 충만한 생명으로 인도하시는 것이라 말씀하셨기 때문이다. "나는 양들이 생명을 얻고 또 얻어 넘치게 하려고 왔다."[29] 아울러 그분은 이 충만함으로 가는 길이 바로 당신이심을 확언하신다. 그분은 당신이 세상의 빛이라는 것, "나를 따르는 이는 어둠 속을 걷지 않고 생명의 빛을 얻을 것"[30]이라고 우리에게 말씀하셨다. 묵상을 시작하면서 우리는 예수님의 이러한 초대를 용감히 받아들일 것을 선언한다. 매 순간 생동과 깨달음이라는 두 과정의 묵상으로 들어가는 것이다.

생명이요 빛이신 이분이 말 그대로 우리 안에서 발견될 수 있다는 사실은, 예수님의 가르침과 이 가르침에 대한 초대교회의 이해에서 영광스럽게 드러난다. 사도 바오로는 카르투시오회 수도승이나 가르멜회 수도승 같은 전문가들에게가 아니라 평범한 로마 시민들에게 편지를 보냈다. "예수님을 죽은 이들 가운데에서 일으키신 분의 영께서 여러분 안에 사시면, 그리스도를 죽은 이들 가운데에서 일으키신 분께서 여러분 안에 사시는 당신의 영을 통하여 여러분의 죽을 몸도 다시 살리실 것입니다."[31]

묵상은 그저 주의를 기울이기만 하면 되는 아주 단순한 방법으로 이 빛과 생명에 마음을 열도록 해 준다. 그저 빛과 생명이 우리 안에 현존한다는 사실에 주의를

---

[29] 요한 10,10.
[30] 요한 8,12.
[31] 로마 8,11.

기울이면 될 일이다. 자신의 진정한 본성에 주의를 기울이고 그리스도와 우리 본성이 연결되어 있음을 온전히 자각함으로써 우리는 온전히 우리 자신이 된다. 온전히 우리 자신이 됨으로써 우리는 예수께서 우리에게 주신 충만한 생명에 들게 된다. 침묵 중에 경건히 기도하면서 우리가 하느님 당신 성령이 머무시는 성전으로 무한히 거룩해짐을 감사드린다. 우리가 누구인지 기억하는 법을 배우고 하느님을 우러러 관상하는 것이 우리의 소명임을 깨닫는다. 그리하여 우리 스스로가 거룩해진다. 이를 감사기도 제3 양식에서는 이렇게 표현한다. "그때에 하느님을 바로 뵈오며 주님을 닮고 끝없이 주님을 찬미하리이다." 그리스도교 전통 속에서 위대한 기도의 스승들은, 기도를 편협한 자의식을 초월하는 자아의 발견으로, 우리 자신을 디딤돌로 삼아 얻는 발견으로 이해했다. 12세기 스코틀랜드 사람 성 빅토르의 리처드는 이를 간결하고 분명하게 표현했다.

> 이성적 영혼은 하느님을 찾는 주된 거울을 자신 속에서 발견한다. 하느님 뵙기를 원하거든 거울을 닦고 그 마음을 정결케 하라. 깨끗해진 거울을 오래 유심히 음미하면, 하느님의 광휘가 거울에 빛나고 지금껏 몰랐던 놀라운 빛줄기가 눈앞에 나타날 것이다.[32]

만트라를 외우는 것은 바로 우리 안에 있는 거울을 닦는 과정이다. 그러면 우리 마음은 하느님의 사랑을 되비추면서 이 하느님 사랑의 역사(役事)에 온전히 열린다. 우리는 이 과정의 첫 단계가 우리의 집을 차례로 세워 가는 것임을 분명히 이해해야 한다. 묵상은 자기 발견 과정이다. 매일 두 차례 묵상에 전심함으로써, 우리는 그리스도교 전통 안에서의 자기 발견과 자기 확신이란 자신의 존엄과 그리스도의 참된 광휘를 깨닫는 것임을 알게 된다. 제노바의 성녀 카타리나는 이렇게 표현했다. "나의 자아는 하느님이다. 나는 그분 안에서 구원되는 나의 자아를 알지 못한다."[33] 인도 전통에서도 마찬가지로 해석한다. 인도 전통에서는 우리의 첫 과제가 자신의 참된 내적 자아(아트만)의 발견이며, 이 아트만은 궁극의 우주적 자아(브라만), 즉 하느님과의 합일을 인식하는 수단이라고 믿는다.

그리스도교 관점도 기도의 중요한 과제를 성령 안에서 예수님을 통하여 하느님 아버지와 밀접히 합일되는 것이라 여긴다. 그레고리우스 성인은 성 베네딕도에 관하여 다음과 같이 썼다. "그는 창조주이신 그분의 현존

---

[32] Richard of St. Victor, *Selected Writings on Contemplation*, ed. Kirchberger (Faber & Faber 1957) 102.

[33] 참조: E. Underhill, *The Mystics of the Church* (James Clarke 1975) 51.

안에서 늘 자신 안에 머물러 살았으며 결코 눈을 산만하게 굴리는 법이 없었다."[34] 이 말에는 뭔가 특별한 매력이 있다. 서방 수도원의 사부가 스스로를 무엇보다 '기도의 사람'이라 밝힌 것이다. '그는 그 자신 안에 머물러 살고 있다.' 그레고리우스가 보기에 성 베네딕도는 온갖 사념과 자기 안팎의 모든 환상을 물리치는 총체성과 조화를 깨달은 사람이었다.

우리의 과제는 총체성과 조화를 깨달을 창조적 중심으로 회귀하는 길을 발견하는 것이다. 우리가 누군지, 누구였을지 등, 우리 자신에 관한 모든 그릇된 심상들을 버리고 우리 자신 안에 머물러 살기 위함이다. 이 심상들은 어차피 우리 밖의 비현실적 존재일 뿐이다. 환상을 파하는 정직과 단순함으로 자신 안에 머물면 창조주의 현존 안에도 늘 머물게 된다. 여기서 만트라가 중요한 구실을 한다. 만트라가 의식 속에 뿌리내리면 우리 마음속에 있는 비밀의 방을 여는 열쇠가 되어 준다. 아침저녁 묵상 시간을 정하여 만트라를 외우라. 만트라에 철저히 익숙해질 필요가 있다. 진전이 있으면 소리 내어 외우고 그 소리에 귀 기울여라. 그렇게 매 순간 만트라를 암송하다 보면 우리는 마음속으로 들어가 그곳에 머물게 된다. 그 외의 시간에는 만트라

---

[34] *Dialogues* (Book II) ch.3.

를 상기해 내는 것만으로 우리 안에 사시는 창조주의 실존 안으로 곧장 들어가게 될 것이다. 주님께서는 말씀하셨다. "내가 세상 끝 날까지 언제나 너희와 함께 있겠다."[35]

기도를 배우는 것은 순간을 온전히 사는 것을 배우는 것이다. 묵상 중에 우리는 온전히 현재를 살려 하고, **지금** 부활하시어 **영원히** 사랑하시는 주 예수님과 가능한 한 온전히 함께 살고자 한다. 현재에 온전히 몰입한다는 것은 우리 자신을 찾고, 우리 안으로 들어가며, 우리 안에 머물러 산다는 뜻이다. 묵상 중에 우리는 사념과 심상들을 거부한다. 자기 것이든 남의 것이든 과거는 생각하지 않는다. 미래도 생각하지 않는다. 온전히 현재에 몰입한다. 그때 우리 의식은 생명의 주님을 맞아들일 만큼 확장되어 우리의 모든 능력을 발휘하게 되는 것이다. 의식을 온전히 깨인 것으로 체험한다는 것은 합일성과 단순성을 체험하는 것이다.

무엇보다 우리는 자신의 전체성과 합일성을 의식한다. 이런 의식 상태에서 모든 사람, 모든 피조물 그리고 창조주와의 통일성을 점점 더 의식하는 체험을 한다. 한껏 고양된 의식 상태에 안식하면 성 바오로가 에페소 신자들에게 보낸 서간의 뜻이 더 잘 이해된다.

---

[35] 마태 28,20.

"이렇게 하여 여러분이 하느님의 온갖 충만하심으로 충만하게 되기를 빕니다."[36] 이제 우리는 그것이 지금 여기서 이루어짐을 이해하기 시작한다.

이는 우리가 반드시 해야 할 여행이다. 우리 마음속으로의 순례 여정이다. 어느 정도 배짱과 용기도 필요한 순례길이다. 엘리엇이 『4중주』*The Four Quartets*에서 말한 대로 "인류는 그리 많은 실제성을 감당하지 못한다."[37] 묵상은 자기나 남이나 하느님에 대한 온갖 환상, 스스로 만들어 냈든 과거로부터 물려받았든 우리가 가진 모든 환상을 남겨 두고 떠나는 길이요 방법이다.

침묵으로 나아감에 따라 우리는 예수님 말씀의 참뜻을 체험하기 시작한다. "누구든지 내 뒤를 따르려면 자신을 버리고 제 십자가를 지고 나를 따라야 한다. 정녕 자기 목숨을 구하려는 사람은 목숨을 잃을 것이고, 나와 복음 때문에 목숨을 잃는 사람은 목숨을 구할 것이다."[38] 진실로 조용해지려면 용기가 필요하다. 만트라를 외우고 온갖 사념에서 벗어나는 것을 배우는 것에도 용기가 필요하다. 그러나 참고 견디면, 짧고 간결한 만트라가 우리를 극도의 단순성으로 이끌어 준다. 이 단

---

[36] 에페 3,19.

[37] From "Burnt Norton I", *The Four Quartets* (Faber & Faber 1979).

[38] 마르 8,34-35.

순성이 우리의 용기를 북돋운다. 우리가 스스로 믿고 있던 것 이상으로 큰 용기를 가질 수 있다. 묵상은 믿음의 기도다. 그분이 나타나시리라는 보장도 없는데 그분이 나타나시기 전에 우리가 자신을 버리고 떠나야 하기 때문이다. 이런 자기 포기의 모험에 가난의 본질이 있다. 이것이 자신에게서 그분께로 가는 믿음의 도약이다. 이 모험은 사랑 속에 함유되어 있다.

자기를 포기하는 기도에 온전히 투신할 때, 만트라의 완전한 가난을 보게 될 때, 발전 단계에서 묘한 새로운 순간이 도래한다. 스승의 도움이 결정적으로 중요해지는 순간이 온다는 말이다. 그러나 본질적으로 묵상에의 초대는 단순한 것이다. 우리는 그저 창조의 목적인 충만함, 생명, 빛을 받을 준비만 갖추면 된다.

2
묵상
그리스도교적 체험

자 아
1코린 2,14

"너 자신을 알라. 하느님을 알려고 꿈도 꾸지 마라. 인간에게 합당한 연구 대상은 인간이니라." 알렉산델 교황께서 『인간론』*Essay on Man*을 통해 이렇게 말씀하신 것은 인간의 본질적 합리성을 요즘보다 훨씬 더 신뢰했기 때문이다. 인간에 대한 그의 신뢰는 단순한 이성적 인본주의를 넘어선 것이었다. 그것은 인간이 본질적으로 선하고 삶의 의미가 근본적으로 긍정적이라는 사실에 대한 통상적 믿음을 전제로 한다. 인간사에 질서가 존재하고 우주의 에너지가 조화로운 것이라는 상식을 전제로 한다. 현대인의 자기 신뢰는 상당히 불안하다. 인간은 고삐 풀린 망아지처럼 통제 불능이며 타고난 자질을 아무리 개발해 봤자 너무나 욕망이 많은 까닭에 아이가 어른이 될 때쯤에는 완전히 소진해 버릴 위험이 상존한다는 것이다.

그러나 인간의 혼란과 소외의 주된 원인은 자신의 본질적 선성, 합리성 그리고 내적 통합에 대한 상식적 믿음을 견지하지 못했기 때문일 것이다. 그래서 자기 비난과 운명적 예언에서 사고와 감정의 공동체를 찾는 것은 아닐까 한다. 이것이 우리가 지고 가야 할 타락한 본성의 일부인지도 모르겠다. 같은 공포와 편견을 공유하는 부정적 토대 위에 인간의 보편적 공감대가 형성되어 있는 것이다. 그러나 더 깊고 긍정적인 형제애를 즐기는 것은 여전히 가능하다. 그것은 인간의 유한성이 아니라 인간 영혼의 잠재성에 대한 통념적 인식에 근거한다. 이 인식의 뿌리를 현대인의 자기 이해와 세계 이해에 이식하는 것이 그리스도인의 특별한 과제다.

그리스도교가 하나의 이데올로기에 불과한 것이 아니라면, 우리가 부여받아 묵상하는 생명이라면, 이렇게 자문해 봐야 한다. "부활하신 예수님의 생명력이 우리를 통해 현대인의 자기 부정 에너지를 영의 깊이와 풍요에 대한 긍정적 인식으로 변화시킬진대, 왜 우리는 그 생명력에 대해 묵상하지 않는가?"

고대 낚시꾼 왕의 신화에, 물이 얼고 흙이 돌로 바뀌는 저주 때문에 땅은 황폐해지는 장면이 나온다. 이 저주를 풀 힘은 세상 어디에도 없었다. 망연자실한 왕은 그저 얼음 구멍에 낚싯대를 드리운 채 말없이 기다릴 뿐이었다. 어느 날, 나그네가 왕에게 다가와 속량의 질문을 던지니 즉시 얼음은 녹고 땅은 부드러워졌다.

  종교인들은 모든 답을 알고 있는 척한다. 설득하고, 강제하고, 평준화하며, 심지어 획일화를 강요하는 것이 자신의 사명이라 여기는 것은 아닌지 모르겠다. 종교인들 중에는 과연 최고 심판관 같은 사람도 있다. 그러나 종교가 사람을 들볶고 교묘히 영합하기 시작하면 더 이상 영적이지가 않다. 인간 본성 안에서 창조적으로 움직이는 성령의 첫 선물은 자유요 정직이다. 성경에 따르면, 자유요 진리다. 자신 안에 거하시는 영의 현존을 동시대인들이 새삼 느낄 수 있도록 만드는 것이 현대 그리스도인의 사명이다. 책 속에서 답을 찾아 준다고 스승이 되는 것은 아니다. 스스로 영을 찾음으로써 다른 사람에게도 자기 존재의 책임과 절대자에 대한 내적 열망의 도전을 받아들이며, 자신의 영을 발견하도록 영감을 줄 수 있을 때만 참 스승이 된다.

  이런 영감의 작업을 하는 데는 분명 용기가 필요하지만 용기만으로는 충분하지 않다. 모세는 겁에 질려 하느님께 울부짖었다. "그들이 저를 믿지 않고 제 말을 듣지도 않으면서, '주님께서 당신에게 나타나셨을 리가 없소.' 하면 어찌합니까?"[39] 웅변이었지만 웅변이라서 부족했다. 인간의 능력만으로는 속량의 질문을 할 수

---

[39] 탈출 4,1.

없다. 인간이 말씀의 도구로 행동할 때 성령께서 자신을 인도하시는 줄을 알게 된다. 그것을 안다는 것은 자신의 영을 보았다는 뜻이다. 자신의 영의 깊이를 잠시라도 보았고, 그 영이 바로 하느님이심을 알게 되었다는 뜻이다.

바오로 사도가 말했듯이, 이를 아는 것은 지식 밖의 문제이고 성령 안에서 새로 태어나는 것이며, 초대교회에 불을 지르고, 사도 바오로와 수세기에 걸친 성인들의 강론에서 터져 나온 초기 그리스도교적 체험을 공유하는 것이다. 자신 안에서 침묵의 조우를 하면서 시작되는 체험이다. 여기에 요구되는 조건은 단 하나다. 다른 모든 것을 그것에 종속시키는 것이다. 소유와 소유욕, 욕망과 명예, 신체와 정신 모두를 말이다. 모든 것을 요구하는 완전한 단순성을 얻기 위해 우리는 다른 모든 것을 포기한다. 이로써 우리 안에 살아 계신 사랑하는 주 예수님의 현존에 눈이 열리고 그분의 성령께서 늘 성부와 친교하심을 깨닫는 것이다. 사도 바오로는 "그리스도의 영을 모시고 있지 않으면, 그는 그리스도께 속한 사람이 아닙니다"[40]라고 말했다. 동시대인들을 자유롭게 하기 위해 그리스도인이 제기하는 속량의 문제는 깊은 영의 체험에서 비롯된다. 영적이지 않은 사

---

[40] 로마 8,9.

람들이 자기 안에 있는 영의 깊이를 발견하도록 영감을 일깨우는 것이다. 우리는 본 것에 대해서만 말할 수 있을 뿐이다. 영을 태어나게 하는 것은 다만 영일 뿐이라는 것을 요한 복음은 상기시킨다.[41]

우리 세대가 그렇듯이 너무 내성적이고 자기 분석적인 세대가 있게 마련이다. 현대인의 자기 탐구는 비생산적인 것으로 악명 높다. 나는 그 탐구가 영적이지 않아서 그렇다는 생각이 든다. 성령의 빛으로 조명되지 않고 인간 본성의 실제적이고 근원적인 차원을 고려하지 않았다는 말이다. 영 없이는 생산도 창조도 성장의 가능성도 없다. 이를 지적하는 것은 그리스도인의 의무다. 정녕 무엇이 영인지를 아는 권위 있는 인물과 함께 해야 한다. 영의 무한 확장은 자신의 영과 존재의 원천이신 하느님 성령의 현존에 응답하는 곳에서만 가능하다는 것을 그가 알기 때문이다.

이런 그리스도인에게는 부활하신 주님의 힘이 있다. 이 힘은 죽음과 부활의 순환, 예수님의 죽으심과 부활하심에 동참함으로써 성취되는 영의 해방에서 온다. 성령께 우리 자신을 열어 보일 때 사멸하는 것은 우리 존재의 빛을 가리는 유한한 에고ego와 시시한 관심사와 야망이다. 사멸하는 것은 우리가 존재의 빛을 볼 때 체

---

[41] 요한 3,6 참조.

험하는 공포다. 사멸하는 것은 충만한 삶을 실현하는 데 장애가 되는 모든 것이다. 자신의 영과 참된 자아를 발견하는 것은 형언할 길 없는 해방의 기쁨으로 점철된 체험이다. 자기를 버리고 이미 익숙해진 환상을 불식하고 떠남이 이를 가능하게 한다. 여기에는 사도 바오로가 귀하게 가르치는 몇 가지 덕목 ― 담대·용기·믿음·헌신·포기 ― 이 필요하다. 그리 영웅적일 것도 없는, 범상한 것들이다. 그저 일상에서 순례에 몸 바치고, 하루 두 차례의 묵상과 만트라가 이끄는 '위대한 가난'에 충실하면 된다. 개인의 노력으로 얻어질 것이 아니다. 사랑으로 주어진다. 우리를 더 깊은 사랑의 하느님께 인도하시는 성령의 선물이다. 사랑이 아니면 진리와 성령에 이를 길이 없다. 하느님은 사랑이시다.

그분의 영을 발견하면 우리는 창조적 중심으로 인도된다. 우리의 본질은 그 중심에서 나오고 삼위일체 하느님의 생명이 사랑으로 흘러넘쳐 쇄신된다. 우리는 한 분이신 성령의 빛 속에서만 자신의 영을 발견한다. 우리가 타인의 사랑으로 유지되고 확장되며 타인이 우리를 알 때 우리가 우리 자신을 알게 되는 것과 마찬가지다. 자신을 보려면 타인을 보아야 한다. 자아로 이르는 길은 타자성他者性의 길이기 때문이다.

이 말을 단순히 개념적 문제로 여겨서는 곤란하다. 물론 우리의 이성적 과정은 성령의 인도로 성령 안에서 다시 태어나는 과정을 밟기 시작한다. 그것은 우리의 영을 들추어 확장하게 한다. 그러나 개념적 표현이 그 자체로 진정한 자아 체험은 아니다. 어떠한 지적 자아 분석도 존재에 근거한 참된 자기 인식과 맞바꿀 수 없다. 묵상이나 기도의 목적을 표현하는 전통 용어들이 무수히 많다. 여기서 나는 기본적인 목적만 제안한다: 묵상의 침묵 가운데 타자이신 하느님께 집중하고, 참을성 있게 기다리면서 자신의 영을 찾는 것이다.

이 발견의 결실은 매우 풍요롭다. 하느님의 본성을 알게 되고, 그분과의 기쁜 친교로 더 가까이 초대된다. 이것이 그리스도교적 삶의 핵심 목표다. 사실 이 목표가 그리스도교적이고 생동하는 것이라면, 우리가 행하고 지향하는 모든 것의 중심에 놓여야 한다. 아우구스티누스 성인은 말한다. "마음의 눈을 건강하게 회복시켜 하느님을 뵙는 것이야말로 우리가 살면서 해야 할 바의 전부다."[42] 이 눈이 우리의 영이다. 자신의 소명을 깨닫고 동시대인들 가운데서 왕국을 확장해 나감에 있어 우리의 첫 과제는 자신의 영을 찾는 일이다. 이것이 하느님의 성령과 더불어 우리의 구명줄이 되어 줄 것이기 때문이다. 그리하면서, 우리는 거룩한 발전에 참여하고 하느님 정점靜點의 역동적 진수 — 조화·빛·기

---

[42] *Serm. (de Script, N.T.)* 88 v 5.

뿜·사랑 — 를 공유한다는 것을 깨달아 간다.

  이 운명을 완수하기 위해 우리는 초월로 부름받았다. 자유의 지속적 상태와 항구적 쇄신, 타인에로의 완벽한 몰입으로 부름받은 것이다. 묵상을 통해 우리는 말, 이미지, 사고, 자의식, 그리고 우연적이고 덧없으며 곁가지에 지나지 않는 모든 것들을 포기함으로써 이 경지에 들기 시작한다. 묵상 중에는 영속적이며 핵심적인 절대자에만 주의를 집중하려는 용기를 가져야 한다. 우리 자신의 영을 발견하기 위해서는 반드시 침묵해야 하고 영이 사라진 암흑에서 다시 나타날 수 있도록 해야 한다. 초월로 들어가기 위해서는 고요해져야 한다. 고요는 우리의 순례 여정이요 순례자의 길은 만트라다.

성 자
2코린 5,17

"침묵하고 실제적인 것이, 말하고 비실제적인 것보다 낫다"라고 초세기 안티오키아의 성자 이냐티우스는 말했다.[43] 분명 우리의 현 상황이 이를 입증한다. 권위, 확신, 개인적 증언은 그리스도인이 신앙의 증인이 되는 데 필수불가결한 자질이다. 그것은 책이나 토론 혹은 카세트 테이프에서가 아니라 영의 침묵 속에서 우리 자신을 만남으로써 얻어진다.

현대인이 절대적 자기 존재를 이루는 영, 정신, 본질의 체험을 상실했다면 그것은 침묵의 체험과 능력을 상실했기 때문이다. 영적 실제에 관한 진술이 보편적 동의를 얻기는 어렵다. 그러나 이 보편적 동의는 거의 모든 전통에서 비슷한 형태로 나타난다. 침묵을 받아들임

---

[43] Eph. ch.15.

으로써만 자신의 영을 알 수 있고, 침묵의 무한한 깊이에 무릎 꿇음으로써만 복잡과 분열이 사라지는 영의 원천을 볼 수 있게 되는 것이다. 현대인은 엘리엇이 "생각할 것이 아무것도 없다는 데 대한 두려움의 증가"[44]라고 불렀던 저 깊은 침묵을 두려워한다. 묵상을 시작하면 누구나 이 두려움에 직면하게 된다.

하찮고 소란한 것들 때문에 황폐해진 마음의 무질서한 소음이 우선 부끄럽다. 이를 견디며 만트라에 충실하고자 애쓰다 보면 다음 단계로, 억압된 의식의 공포와 불안이 더 어둡게 다가온다. 만트라의 위대한 단순성은 이것도 없앤다. 우리는 늘 자기 인식의 초기 단계에서 뒷걸음질치는 성향을 보인다. 월터 힐튼W. Hilton이 이를 실감나게 그렸다. "놀랄 것도 없다. 집에 돌아왔는데 매캐한 연기와 마누라 바가지 소리밖에 보고 들을 것이 없다면 바로 집을 뛰쳐나갈 것 아닌가."[45]

의식 표면에서의 소란과 의식 하부에서의 불안이라는 초기 두 단계에 들면 우리는 상처를 감수해야 한다. 그러나 우리가 침묵에 드는 다음 단계에서 우리는 모든 것, 바로 우리의 존재 자체를 건다. "그래서 나는 내 영혼에게 '조용히 하라'고 말했다." 만트라가 인도하는 몸과 마음의 고요는 이 침묵에 들기 위한 준비 단계다.

---

[44] "East Coker III", *The Four Quartets*.

[45] *The Scale of Perfection* (참고 문헌 참조).

그리고 침묵의 영역을 지나, 영의 빛을 보고 경탄하며 이 빛을 우리 영혼의 원천이자 동시에 영혼 너머의 무엇이라 아는 수준으로 발전할 준비 단계다. 이는 믿음 속에서 침묵의 영역을 지나는 순례 여행이다. 아직은 어렴풋이 이해될 뿐이지만 우리는 확실한 실재를 전적으로 신뢰하며 이 여행을 떠난다. 믿을 만하기에 확신하는 것이다.

만트라를 외면서 우리는 아직 뵙지 못한 그분을 위해 우리 삶을 내놓는다.[46] 아직 보지 못한 것을 믿고 그 믿음을 근거로 행동하는 이는 복되다. 만트라를 외면서 우리는 마음과 정신의 무한한 가난을 추구하는 침묵에 잠긴다. 다른 존재에게 절대적으로 의존한다. 우리는 존재의 근저에 맞닿아, 이미 내던진 삶과 절대 타자이신 그분께 항복한 자아를 발견할 때까지 순수한 단순성의 심연에로 인도된다.

사도 바오로는 자기 안에 그리스도의 죽음을 지니고 다닌다고 주장했다. 그리스도께 대한 그의 증거가 부활하신 생명으로 빛나고 있다는 인식이 확실하기 때문이었다(2코린 4,10 참조). 우리 모두 예수님의 죽음에 동참한다. 루카 복음은 예수님이 자기 자신을 버리고 매일 제 십자가를 질 사람들을 부르셨다고 한다.[47] 매일 묵상은

---

[46] 1베드 1,8 참조.   [47] 루카 9,23 참조.

바로 이 부르심에 응답하는 것이다. 그리스도교적 소명과 그 요구의 준열함을 가볍게 여긴다면 이는 우리 자신과 타인을 오도하는 것이다. 성령께서 우리를 순례 여행으로 인도하셨고 모든 그리스도인이 그리로 선택되었다면, 무엇이 문제인지 성숙한 태도로 이해해야 한다. 우리가 무엇보다 그것의 현존을 깨달아 우리 안의 침묵에 들 때, 우리를 변화시킬 공허 속에 드는 셈이다. 우리는 과거의 우리가 아니며 과거의 생각도 버렸다. 그러나 우리는 파괴된 것이 아니다. 존재의 영원히 신선한 원천에 대한 지각이 열렸을 뿐이다. 우리가 창조되고 있으며 사랑 가운데 창조주의 손에서 나와 다시 그분께 돌아간다는 것을 깨닫게 되었을 뿐이다.

침묵 중에 우리는 이 깨달음을 준비한다. 그것은 곧 예수님의 충만하심과 영광을 만나는 것이다. 완벽한 깨달음의 상태로 예수님을 이끈 것은 부활이다. 모든 피조물은 예외 없이 성자를 통해서만 존재로 들어가기 때문에, 성자를 통하지 않고서는 아무도 성부께 갈 수 없다. 이것이 침묵의 목표임을 우리가 머리로는 알지만 실제로 체험하지는 못했다. 처음에는 확장이 아닌 축소를 체험한다. 탈태脫態와 영의 순수한 가난, 격변의 단순성을 통해 존재의 순수한 지점으로 수렴하는 것이다.

그리스도인은 일상 속에서 자기 안에 이 죽음을 안고 다닌다. 자기 극화劇化나 자기 망상이 아니라 전 존재가 점점 충만해짐을 기쁘게 자각하면서 그렇게 한다. 우리는 이 공허 속에 자신을 버리는 만큼 완전히 자유로운 분이신 예수님의 초월적 삶 속에서 소생한다. "우리의 외적 인간은 쇠퇴해 가더라도 우리의 내적 인간은 나날이 새로워집니다."[48] 사도 바오로가 말하는 이 내적 쇄신은 매일 두 차례 묵상의 목적이자 열매다. 존재의 깊은 중심으로 깊이 들어갈 때, 우리의 모든 자질과 에너지가 모든 존재의 중심이자 원천인 우리 존재의 궁극적 중심, 삼위일체적 사랑의 중심과 더욱 온전히 조화됨을 알 때 우리는 말 그대로 쇄신된다. 사도 바오로는 코린토 신자들에게 보낸 서간에서 "누구든지 그리스도 안에 있으면 그는 새로운 피조물입니다"[49]라고 썼다.

죽음과 부활의 순환 속으로 더욱 철저하게 들어갈 때, 그리스도인은 그것이 모든 존재의 모델이라는 보편적 진리를 더 잘 인식한다. 이제 그 신비에 감사드리기 시작한다. 이 보편적 순환의 힘에 자신을 온전히 열기 위해서는 그것이 삶의 모든 수준에서, 우리 삶의 의미를 음미하고 파악하는 수없이 많은 방법으로 완성된다는 점을 이해할 필요가 있다. 가령 매번 30분의 묵상은 이 순환에 터하고 있다. 우리의 에고를 사로잡은 소유욕과 하찮음에로 죽었다가, 타자이신 하느님을 뵈옴으

---

[48] 2코린 4,16.   [49] 2코린 5,17.

로써 자신을 발견할 때 밝아 오는 자유와 의미로 부활하는 것이다. 또한 그 순환에 터하여 기도의 전 과정이 더 큰 스케일로 보이기도 한다. 하느님께서 당신 피조물을 위해 세우신 계획에 우리가 동참할 때, 우리는 매일 죽고 매일 새로운 삶에로 부활한다.

예수께서 모든 피조물을 위해 행하신 단 하나의 죽음과 단 하나의 부활이 있을 뿐이라는 것도 사실이다. 말씀은 침묵에서 나오고, 성부의 불가해한 침묵과 무한한 사랑으로 귀결된다. 창조에서 모든 생명의 순환은 생성과 회귀의 순환에 터하여 있다. 그 순환 속에 매 순간 창조가 존재하고 순수한 마음만이 이를 볼 수 있다. 말씀은 동일한 조건으로 귀환하지는 않는다. 인간 존재의 깊이는 그 자체 하느님의 깊이이기도 하다. 말씀은 그 안에서 인간에게 당신을 드러내시며 성부의 목적을 성취한다. 당신의 침묵에서, 그분 안에서 창조가 진행된다. 이것이 사도 바오로가 에페소 신자들에게 보낸 서간에서 거듭 말했던 우리 존재의 목적이다. 그러나 아직 그 깊이를 온전히 헤아릴 수는 없다.

> 세상 창조 이전에 그리스도 안에서 우리를 선택하시어, 우리가 당신 앞에서 거룩하고 흠 없는 사람이 되게 해 주셨습니다. 사랑으로 예수 그리스도를 통하여 우리를 당신의 자녀로 삼으시기로 미리 정하

셨습니다. 이는 하느님의 그 좋으신 뜻에 따라 이루어진 것입니다. 그리하여 사랑하시는 아드님 안에서 우리에게 베푸신 그 은총의 영광을 찬양하게 하셨습니다.[50]

하느님의 뜻에 우리의 뜻이 어느 정도는 포함되어 있다는 주장은 황당하다. 하느님의 뜻을 받아들이는 데는 용기가 필요하다. 철저한 단순성만이 그런 용기를 준다. "어린이처럼 되지 않으면, 결코 하늘 나라에 들어가지 못한다." 이기주의나 복잡한 정서는 결코 이 뜻을 깨칠 수 없다. 이 가르침이 진리인 것은 우리가 말씀이신 성자와 친교하기 때문이다. 만물과 만인은 결국 성자를 통하여 성부께 돌아간다. 사도 요한은 "모든 것이 그분을 통하여 생겨났고 그분 없이 생겨난 것은 하나도 없다"[51]고 말한다. 말씀이 성부의 가장 근원적이고 궁극적 표현이듯이, 예수님은 우주 만물이 그 연원인 성부께 돌아가게 하는 이음매가 되어 주신다. 성부께 돌아갈 때 그리스도의 몸으로 합일됨으로써, 우리는 하느님의 자녀로 받아들여지도록 운명지어진다.

본질적인 의미에서, 묵상의 목표는 이것이다: 예수 그리스도 안에서 예수님이 우리를 돌려보내시려는 분,

---

[50] 에페 1,4-6.   [51] 요한 1,3.

예수님이 끊임없이 언급하신 유일한 분인 성부 안에서 우리가 온전히 그분과 합일하는 것, 바로 그것이다. 우리 자신과 우리 존재의 토대가 되시는 분과의 근원적 만남에서 우리에게 필요한 덕목은 주의력과 수용성이다. 말씀과의 완전한 합일을 이루기 위해서는 말씀의 침묵, 우리 안의 침묵에 귀 기울여야 한다. 뿐만 아니라 말씀의 순환이 우리 안에서 완성되어 그 침묵의 심연으로 우리를 인도하도록 해야 한다. 말씀이 침묵하는 가운데 우리는 영원히 성부께서 하시는 말씀에 귀 기울이시는 그분의 체험을 공유한다.

예수님의 삶이 그토록 의미 있고, 그분의 삶을 기록한 성경이 그토록 가치로운 이유가 바로 여기에 있다. 그분께 눈 뜨는 나자렛 예수님의 체험은 그분 안에 있는 침묵의 영역으로 들어가는 것이며, 그분의 성령과 그분 성령의 근원을 발견하는 것이다. 이 체험은 만인이 그 영 안에서 새로 나는 체험인바, 성부의 상상할 길 없는 설계 내에서는 다 동일한 체험이다. 창조의 경이는 이 깨달음의 연속에서가 아니라 성부에 대한 성자 예수님의 포괄적이고 유일한 깨달음 안에서 드러난다. 죽고 새로 나는 순환의 단순성과 현실성을 반영하기에는 우리의 언어가 너무 부적절하고, 우리의 사고는 너무 자의식이 강하다. 그러나 우리에게 필요한 것은 언어나 사고가 아니다. 우리는 자신의 영을 볼 수 있는 곳, 바로 침묵 가운데 우리 안의 신비를 깨닫기만 하면 된다. 이 침묵으로 들어가는 길은 (우리가 택하는) 만트라의 짧은 말마디뿐이다.

성령

1코린 6,19

예수님의 복음은 다른 모든 구원 계획과는 다르다. 인격적이기 때문이다. 예수님은 상징이나 원형原型이 아니라 인격이었다. 구원의 길은 모든 것을 속량하는 사랑을 체험하면서 우리가 예수님의 인격과 인격적으로 만나는 데 있다.

그런 연유로, 우리는 완전한 인격, 완전한 우리가 되어 예수님과의 만남이 완전히 인격적이고 성숙해지도록 부름받았다. 물론 완전한 인격으로 성숙하는 데 엄밀히 개인적인 것은 없다. 인류는, 전체 인간성은 개인에서 완성되고, 개인은 전체와 화합할 줄 앎으로써만 실현되도록 만들어졌다. 모든 인격의 신비 속에는 완전히 실현된 개인이 전체 인류의 삶에 동참한다는 핵심 진리가 있다. 교회의 상호 협력적 권위는 이 진리에서 나온다. 그것은 교회 구성원들이 인격에 도달하여 실제로 자신의 구원을 자기 안에 머무시는 예수님의 속량하는 사랑의 깊이로 체험하는 정도를 말한다. 우리 모두는 지금 여기서 이를 체험하라고 요구받고 있다. 이 요구를 받아들이는 것이 우리의 으뜸 과제다. 우리 시대에 이것은, 세상에서 교회의 적절성과 영향력 쇄신에 대한 우리의 의식적 희망을 정치에서 기도로, 머리에서 마음으로, 위원회에서 공동체로, 설교에서 침묵으로 옮겨 놓는 것을 의미한다.

기도의 우위, 개인적 확신의 우위는 실제로 영속적이다. "이 목적을 위해 거룩한 신비가 세상에 드러났고, 하느님 말씀이 선포되었으며, 교회의 도덕적 가르침이 만들어졌다"고 아우구스티누스 성인은 말했다.[52] 그리고 "이 목적"은 우리가 본 대로 "마음의 눈을 건강하게 회복시켜 하느님을 뵙는 것"이었다.

모든 인격적 사랑이 전적으로 단순한 친교에서 완성된다고 해도, 그 연원은 사랑하는 사람에게서 사랑받는 사람에게로 움직이는 데 있다. 그리스도교의 신비가 하느님의 진정성을 확인하려는 우리 열망의 강도強度에 달려 있다면, 그것은 신비적인 것에 대한 향수에 지나지 않는다. 그러나 우리 믿음에 대한 이니셔티브는 하느님께서 쥐고 계시다. "우리가 하느님을 사랑한 것이

---

[52] *Serm. (de Script. N.T.)* 88 V 5; vi, 6.

아니라, 그분께서 우리를 사랑하시어"[53]라고 요한 사도는 말한다. 믿음을 인간에게서 하느님께로 향하는 마음의 움직임으로 보는 한, 우리는 자기중심적이고 세속적일 수밖에 없다. 그러나 믿음을 하느님에게서 인간에게로 가는 움직임으로 이해할 때, 우리는 이 움직임에 매료된다. 이 움직임은 그 자체의 깊이와 자기 초월을 가지고 성자를 통해 성부께 돌아간다. 이 움직임이 바로 사랑이다.

인격의 첫 단계는 스스로 사랑받도록 허락하는 것이다. 성령께서 파견되시어 인간의 마음을 감화·각성시키고 구원의 빛으로 이끌어 내신 것은 바로 이를 용이하게 하려는 뜻이었다. 성령 파견은 부활 사건이다. 사도들이 문을 잠근 채 모여 있을 때 예수께서 오시어 그들에게 숨을 불어넣으시고 "성령을 받아라" 하신 "주간 첫날 저녁"처럼,[54] 지금도 그 사건은 늘 새롭게 계속되고 있다. 인간의 무기력한 천성과 자기 회피, 잠긴 문처럼 사랑받기를 허락하지 않는 반항도 성령을 방해하지는 못한다. 성령이 인간 마음에 파견되셨고 하느님께서 인간을 존재로 인정하시는 한, 거룩한 신비는 살아 있다. 악인의 마음속에서도 성령께서는 쉼 없이 "아빠! 아버지!"(갈라 4,6)라고 부르고 계실 것이다.

---

[53] 1요한 4,10.   [54] 요한 20,19-22 참조.

부활하여 성부께로 돌아가신 예수님은 인간이자 우리 형제였음에도 공포와 무지, 시간과 공간 같은 인간 조건의 모든 한계를 초월하셨다. 그분은 만물의 중심에서 우주적 현존에 오르셨다. 인간으로서, 우리가 마음이라 부르는 인간 존재의 중심에서 살아 있는 인격적 현존을 성취하셨다. 인간 안에서 그분의 현존은 의식 없는 사물에서의 현존과 다르다. 의식 확장이 가능한 의식적 존재 안에 사시듯 그분은 우리 안에 사시며 인간의 차원에서 인식하고 응답하신다. 우리 안에 계시는 예수님의 현존, 그분의 성령은 우리 존재의 차원을 온전히 의식하도록 우리를 일깨우신다. 빛나는 눈으로 우리 자신과 우리 안의 성령을 깨달아, 하느님 안에서의 친교를 의식하는 것이다. 우리는 그 친교 속에서 서로를 공유하도록 부름받았다. 이제 우리는 플라톤적 고독이 아니라 하느님 안에서 모든 존재와의 완전한 친교에 눈뜨게 된다.

우리는 우리 마음속 성령의 움직임, 자신을 알도록 도와주시는 거룩한 타인의 현존을 어렴풋이 인식하기 시작한다. 그 온전한 실재를 깨닫고 마음으로 귀 기울이면 우리는 믿음의 생생한 증거를 깨닫는다. 이 증거가 흐릿하던 애초의 인식, 그 첫 희망을 정당화시킨다. 사도 바오로는 로마 신자들에게 말했다. "환난은 인내를 자아내고 인내는 수양을, 수양은 희망을 자아냅니다. 그리고 희망은 우리를 부끄럽게 하지 않습니다. 우리가 받은 성령을 통하여 하느님의 사랑이 우리 마음에 부어졌기 때문입니다"[55] 우리가 이 말에 취하는 것은 성령의 실재를 그가 인격적으로 깨달았기 때문이다. 밀려와 넘치는 해방의 기쁨을 체험했기 때문이다. 이 기쁨을 예수께서 당신 성령을 통해 가르치시고 통교하셨다. 그것은 기도에 도취되는 것이다.

이제 우리는 기도를 하느님을 향한 우리 마음의 움직임으로, 우리가 책임질 행동으로, 하느님을 기쁘게 하고 위로해 드릴 우리 의무로 여기기 시작한다. 기도에는 매혹적이고 천진한 성심이 깃들어 있을 수도 있다. 그러나 진짜 기도는 감상에 치우치지 않는다. 베드로 사도가 말했듯이, 우리는 "영으로는 하느님처럼 살게 하시려는"[56] 곳에서 영적 성숙을 이루도록 요구받았다. 사도 바오로와 신약성경 전체를 진지하게 받아들인다면, 기도가 하느님께 드리는 말씀, 하느님에 대한 표상, 거룩한 생각 이상의 어떤 것이라 말할 수밖에 없다. 사도 바오로가 말했듯이, 우리가 어떻게 기도하는지도 모르고 있다면 이는 기도를 옳게 이해하는 것이 아니다. 그러나 그는 이렇게도 말한다. "성령께서도 나

---

[55] 로마 5,3-5.
[56] 1베드 4,6.

약한 우리를 도와주십니다. 우리는 올바른 방식으로 기도할 줄 모르지만, 성령께서 몸소 말로 다할 수 없이 탄식하시며 우리를 대신하여 간구해 주십니다."[57]

기도는 우리 마음 안에 계시는 예수님 성령의 삶이다. 우리는 성령을 통하여 그리스도의 몸과 하나가 된다. 성령께서 우리 마음에 현존하심을 깨달을 때 우리는 기도하고 있는 것이다. 그렇다면 (정해진) 기도 형식이나 방법은 없다. 다만 기도가 있을 뿐이다. 부활하신 예수님의 성령과 예수님의 성부 사이에 흐르는 사랑의 물길, 그 안에서 우리가 합일하면 된다. 이럴진대, 성령께서 우리 마음속에 늘 살아 계시지 않기라도 한 듯, 시간에 좌우되는 부분적인 기도는 없다. 늘 현재인 실재에 온전히 깨인 의식으로 돌아서는 때, 그런 때가 매일 두 차례의 묵상으로 도래한다. 사도 바오로는 테살로니카 신자들에게 "끊임없이 기도하십시오"[58]라고 분명하게 가르쳤다. 번잡한 활동이나 근심을 헤치고 실재에 대한 우리 인식이 그대로 영속할 때 그런 차원의 깨달음이 도래한다.

성체성사가 (최후 만찬을) 기념하는 의식이자 동시에 현재적 사건이기도 한 것처럼, 만트라도 시간과 의식의 차원을 확장시킨다. 어떤 의미에서 그것은 성령의 사랑

---

[57] 로마 8,26.
[58] 1테살 5,17.

에 대한 우리의 응답이며 성부께 돌아가시는 예수님의 전 생애에 대한 응답이다. 사변적 추론의 차원에서가 아닌 절대적이고 무조건적인 응답이다. 이를 깨닫는 한, 그것은 우리 존재 가장 깊은 차원의 응답이다. 거기서 우리는 우리의 완전한 가난, 하느님의 변함없으신 사랑에 대한 완벽한 의존을 인식하고 체험한다. 우리 응답은 이 절대 가치를 성취하며, 묵상 중에 생각과 상상, 자의식까지 포기하는 완벽한 단순성으로 만트라를 외우는 만큼 존재의 근원적 차원을 향해 나아간다. 만트라가 우리 의식과 더 깊고 철저하게 통합되어 뿌리내릴 때 우리 전 존재는 성령에 온전히 응답한다. 그 목적은 우리 존재의 모든 차원이 존재의 근원과 통합하는 데 있다. 이 근원은 우리 전 인격이 예수님의 영으로 깨어나 자신 안으로 돌아가라고 요구한다.

우리 목표는 전 존재의 실현이다. 이것이 존재의 근원을 발견하기 위해 우리가 모든 자질과 능력을 초월해야 할 이유다. 우리의 본질적 통일성과 인격의 본질이 그 존재의 근원 속에 있다. 만트라가 절대적으로 필요하다는 데는 의심의 여지가 없다. 본질적으로 그것은 부활하신 예수님의 성령을 통해 우리 마음에 흘러드는 하느님 사랑의 절대성을 받아들이는 것이다. 만트라의 가차없는 단순성과, 묵상 중 사고와 언어의 절대적 포기를 통해 (비본질적인) 우리는 죽는다.

이것은 비의秘儀적 교의나 방법이 아니다. 만트라는 초기부터 그리스도교의 기도 전통이었다. 기도는 마음의 조작을 초월하는 것이다. 모든 권위 있는 진술이 그렇게 이해하고 있다. 보나벤투라 성인은 "이 초월이 완벽해야 한다면, 우리는 모든 지성적 담론을 한켠으로 밀쳐놓아야 하고, 하느님 안에서 완전히 변형되기 위해 그분께로 영혼의 정점을 돌려야 한다"[59]고 썼다. 버너드 로너간은 의식적인 것과 알려진 것을 구별했다. '의식적인 것'은 체험 자체를, '알려진 것'은 그 체험에 대한 우리의 이해와 평가를 의미한다.[60] 이냐티우스 성인의 『영성수련』이 기도와 성찰을 분명히 구별하는 것처럼[61] 로너간의 이 구별도 우리가 어디에 우선순위를 두어야 할지를 가르쳐 준다. 물론 그리스도교의 신비는 체험과 체험의 이해 둘 다를 포함한다. 예수님은 전체성으로 가도록 우리를 일깨워 주시는 전인全人이시다. 그러나 의식과 알려진 것, 기도와 성찰 간의 구별을 받아들이지 않는다면 우리는 자신의 본질적 피조성을 허용하지 않은 셈이다. 그래서 피조성의 한계에 매여 있는 것이다. 우리 자신을 초월하지 못한 것이다.

---

[59] *Journey of the Soul to God* VII.

[60] 참조: B. Lonergan, *Insight*, Darton Longman & Todd 1978.

[61] 참조: B. O'Leary, "Repetition and Review", *The Way*, Supplement 27, 48-58.

다시 말하거니와, 관념적으로 동의하는 것만으로는 충분하지 않다. 우리 전 존재가 이해하는 존재의 진리가 되어야만 한다. 만트라는 그런 통합의 가능성을 제공한다. 우리를 주님께 봉헌할 살아 있는 희생이 되도록 준비시킨다. 우리 마음에 계시는 성령의 기도를 철저한 단순함 속에서 풍요로운 그리스도교적 체험으로 얻도록 인도한다. 이 체험의 열매는 성령의 열매다. 성령의 은사로 향한 우리의 첫 발견은 아마도 인격적이고 무한한 사랑의 능력에 대한 체험일 것이다. 체험은 조작할 수도 예기할 수도 없다. 다만 고요히 침묵하며, 우리 자신의 조화가 늘 성장한다는 느낌으로 기다림을 배울 뿐이다. 조작된 즐거움, (참된) 권위가 아닌 교조주의, 자유가 아닌 획일성으로는 성령의 열매를 맺을 수 없다. 그것은 다만 진정한 그리스도인의 자질을 모방하는 데 지나지 않기 때문이며 그들이 선포하려는 바로 그 복음에 스스로 모순되기 때문이다.

진정한 그리스도인의 자질은 바로 성령의 열매다. 그것은 예수님 성령의 체험으로 주어지고 그 체험에서 성장한다. 하느님의 인격적 사랑이 우리 마음속에 흘러넘쳐 예수님과 우리가 인격적으로 만날 때 인격의 충만함을 우리에게 불러일으킨다: "그 열매를 보고 여러분은 그들을 알게 됩니다." 교회의 쇄신과 부요 그리고 인생에 대한 권위 있는 음성의 회복은 교회 구성원 각자가 마음 깊이 이 체험을 받아들이는 데 달렸다. 교회 각 구성원은 현실재로서 깨어 있을 소명을 부여받았다. 각자는 저마다의 독특한 인격에 따라 이 소명을 받았으며 이는 하느님의 신비한 사랑 안에서 완성될 계획에 따라 성취된다.

나는 묵상이 유일한 방법이라고 말하지는 않겠다. 내가 발견한 유일한 방법이라고 말하고 싶을 뿐이다. 나 자신의 체험에 의하면, 그것은 예수께서 우리 마음에 보내신 성령의 인식과 더불어 우리를 완전하게 할 수 있는 순수한 단순성의 방법이다. 그리고 이것은 사도시대부터 우리 시대까지 내려오는 그리스도교 전통의 맥에 새겨진 체험이기도 하다.

성부

로마 8,15

예수님의 복음이 어떤 정치 체제의 토대로 수립된 것이었다면, 그분의 영원한 이상 가운데 하나인 자기 쇄신 혁명이 성취되었을지도 모른다. 그러나 이 땅의 하느님 왕국이 마음속에서 시작되려면 우선 개인의 삶에서 현실이 되어야 할 것이다: "(마음으로) 회개하고 복음을 믿어라"(마르 1,15). 이는 모든 이상주의의 요체다. 먼저 개인의 삶에서 실현된 후에 보편적 구원의 수단으로서 주어질 수 있다.

이는 모든 상황과 사람들 속에서 하느님의 생명을 인식하고 도처에서 표징을 찾는 의심의 세대에 그것을 확인할 수 있으려면, 그리고 예수께서 당신의 인성을 통해 우리에게 가져다주신 하느님 생명의 궁극적 현현의 맥락에 자리매길 수 있으려면, 먼저 우리 자신이 되어야 한다는 뜻이다. 세상과, 타 종교와, 이 외로운 도시와 쓸쓸한 교외에서 하느님을 뵈려면 먼저 우리 안의 하느님 심상부터 찾아내야 한다. 그러면 하느님 존재의 심연에서 흘러나오는 대자대비하신 하느님 사랑을 어디서든 자유롭게 받아들일 수 있게 된다. 우리에게는 사도 바오로가 갈라티아 신자들에게 보낸 서간에서 언급한 저 섬세한 자유의 영이 필요하다. "성령의 인도를 받으면 율법 아래 있는 것이 아닙니다"[62]

나는 이 책에서 묵상이 영적 성장의 본질적 당위임을 확신하자고 제의해 왔다. 예수께서는 이미 인간의 본성과 형상의 베일을 벗고 나오셨다. 하여, 그분이 우리에게 허락하신 삶을 실현하고 의식의 계몽과 확장을 통해 우리 잠재력을 활성화하는 일만 남았을 뿐이다. 계몽의 빛은 피조물 전체를 정화시키지만 좁은 구멍으로 들어온다. "생명으로 이끄는 문은 얼마나 좁고 또 그 길은 얼마나 비좁은지, 그리로 찾아드는 이들이 적다"[63]고 예수께서는 말씀하신다. 그 문이 좁은 것은 우리의 온 힘과 능력을 존재의 유일한 정점에 쏟아 붓는 집중의 산물이기 때문이다.

사르트르J.P. Sartre는 "중요한 것은 온전한 헌신뿐"이라고 했다. 노력과 성실을 입증해 보이는 것만이 유일한 길임은 분명하다. 충만한 삶으로 가는 길은 우리 전

---

[62] 갈라 5,18.   [63] 마태 7,14.

인격을 절대 타자에게 헌신하는 것뿐이다. 우리 존재 중심의 온 마음, 온 몸, 온 영을 다하여 조화롭게 집중하는 일이다. 우리가 이 헌신의 침묵 속으로 함께 가지고 가는 신앙과 가치는 토마스 머튼Th. Merton의 말마따나 그리 중요하지 않다. 대개는 언어와 심상의 낯익은 조합들이기 때문이다. 그러나 누구나 마음속으로는 실존의 수수께끼가 이 조합들을 초월하여 자기 존재의 중심에 초점을 맞춤으로써 풀릴 수 있으리라 믿는다. 자신의 근원과 의미가 존재의 중심에 있다는 것을 그는 어떤 식으로든 알고 있는 것이다.

엄밀히 말해서, 이 헌신과 집중의 통합적 조건을 우리가 이루거나 얻을 수는 없다. 바오로 사도가 말했듯이 우리는 기도하는 법을 모른다. 결과를 쉽사리 얻을 수 있는 속임수나 장치는 없다. '인스턴트' 신비주의는 없다. 준비와 훈련 없는 정신에 부담 되지 않는 것이라고는 아무것도 없다. 그러나 하느님과 성령의 빛이 선사하는 자연스런 과정 속에서 준비할 수 있는 방법이 우리에게는 있다. 만트라는 마음을 고요히 가라앉히고 핵심을 해결할 모든 능력을 제공한다. 그 핵심은 완벽한 단순성이라는 조건이다. 그것이 전부다.

모든 것에 초점을 맞출 때만, 모든 것에 항복할 때만, 우리는 모든 것을 받을 수 있다. 그때까지는 진정한 관용, 복음 말씀의 넘치는 풍요로움이 우리에게 밑을 만한 것으로 다가오지 않는다. 우리는 신약성경 저자들이 내세우는 터무니없는 주장들로 감각을 잃고, 성경을 은유로 읽거나 안전한 신학적 테두리 안에서 음조를 조금 낮추기도 한다. 그러나 예수님 말씀의 본령은 무한한 관용이다. 무한한 하느님의 완벽한 자기 공여다. 이것이 신약성경 전반을 관통하고 있다: "주님과 결합하는 이는 그분과 한 영이 됩니다."[64] "내가 지금은 부분적으로 알지만 그때에는 하느님께서 나를 온전히 아시듯 나도 온전히 알게 될 것입니다."[65] "사랑하는 여러분, 이제 우리는 하느님의 자녀입니다. 우리가 어떻게 될지는 아직 드러나지 않았지만, 그분께서 나타나시면 우리도 그분처럼 되리라는 것은 알고 있습니다. 그분을 있는 그대로 뵙게 될 것이기 때문입니다."[66]

성부께 받은 것이면 무엇이든 우리에게 주겠노라고 예수께서 말씀하시지 않았다면, 우리는 그것을 믿을 엄두조차 못 냈을 것이다. 참으로 이를 믿으려는 사람은 적다. 적어도 개념의 수준에서는, 즉 개인적 검증이 시작되기 전에는, 하느님 안에서 개인이 없어지는 것처럼 보이기 때문이다. 이것이 "모든 영역에서 단일체가 분화된다"는 샤르댕Teillhard de Chardin적 의미로 이해되기 시작하는 것은 우리가 성령의 인도로 체험의 첫걸음을

---

[64] 1코린 6,17.   [65] 1코린 13,12.   [66] 1요한 3,2.

뗄 때뿐이다. 사랑이 넘치는 가운데 우리는 부름받은 대로의 인격을 갖추어 가게 된다.

예수님은 성부를 알리는 것이 당신의 사명이라 하셨다. 그분은 인성의 심연에서 그분이 만나시는 인간에게 성부를 드러내 보이신다. 인간과의 유대, 우리를 친구요 형제로 부르는 태도, 성령을 통해 모두를 감싸안는 사랑의 보편화다. 이 모든 생각들은 그분 스스로 확인하신 바를 확고히 하는 데 이바지한다. 우리도 동일한 앎, 성부와의 동일한 친교로 부름받았다는 것이다. 그분이 인간으로서 누리시고, 육화된 말씀으로서 우리에게 전해 주신 우리 존재의 동일한 완성과 확증이다. 그분이 성령을 우리 마음속에 보내실 때, 예수님은 성부께 받은 모든 것을 우리에게 넘겨주신다.[67] 그분은 아무것도 억누르지 않으신다. 인격적 사랑이 품은 비밀도, 친밀성도 억누르지 않으신다. 그분은 당신 본성에 따라, 당신의 모든 것을 내주실 따름이다. 성부에게서 흘러나오는 사랑의 힘과 절박함은 예수님에게 특권이나 의사 불통의 영역을 고수할 수 없도록 한다. 그리스도의 몸을 만드는 것은 그분의 성령과 더불어 인간 의식의 모든 분야를 채우는 예수님의 애타는 열망이다. 인간 스스로 하느님의 인격적 사랑의 선물을 받아들이고

---

[67] 요한 15,15 참조.

인식하고 깨어 있기를 거부하지 않는 한, 이 같은 충족에의 열망을 막을 것은 아무것도 없다.

그리스도교 신비의 핵, 예수님 삶의 핵은 죽음에서 지속되는 삶의 신비한 역설이다. 그러나 풀 길 없는 역설에 압도당해 미신이나 냉소주의의 극단으로 빠지는 것을 막으려면 개인의 내적 균형이 필요하다. 성경은 이를 성령의 선물 중 하나인 자기 통제라 일컫는다. 이것이 바로 묵상의 열매, 중도의 길, 침묵 기도의 향심 과정이다. 그러나 단순한 수동성 혹은 정적주의靜寂主義와는 다르다. 예수님의 성령에 눈뜨도록 우리의 영을 깨우는 일은 수동적으로 받는 것만으로는 되지 않는다. 마치 미리 포장된 체험을 외부로부터 받아들이듯이, 혹은 우리가 하느님 모상대로 창조된 것이 아니라 인격이란 가면을 쓰고 있는 객체나 되듯이 말이다. 우리의 깨달음은 하느님의 생명, 우리 인격의 원천이신 하느님의 생명에 동참한다는 깨달음이며, 우리 존재라는 그분의 선물을 받아들이게 하는 바로 그 힘이다. 그러므로 그것은 자유로운 응답이요 온전히 개인적인 의사소통이며, 자유로운 수용인 것이다.

우리의 처음과 끝은 하느님의 무한한 관용, 넘치는 사랑에 있다. 거기서 하느님은 당신의 모든 현현顯現을 통해 스스로를 초월하신다. 인간의 마음은 이를 제대로 이해하지 못한다. 실은, 역설에 대한 민감성에 따라 이 초월의 본성을 짐작할 따름이다. 그러나 우리는 늘 그분의 상상할 길 없는 관용으로 되돌아온다. 인간의 체험으로도 자유와 기쁨의 원천이 되는 그런 관용이다. 인간은 계산하지 않고 자신을 내줄 때, 사랑할 때 하느님을 가장 많이 닮아 있다. 하느님께서는 우리에게 당신을 내주실 때 적당히 주시지 않으신다.[68] 그분은 당신 성령을 우리에게 '아낌없이 주셨다'. 그분의 사랑은 우리 마음속으로 '흘러넘쳤다'.

이런 시각을 일의 중심에 둘 수 있다면, 어떤 신학적 탐구든지 우리를 경외·경이·환희, 그리고 시시한 자존감 따위로부터 해방시키는 겸손으로 인도할 수밖에 없을 것이다. 한없이 우리와 멀리 계시지만 동시에 우리 자신보다 더 가까이 계시는 하느님을 인식하도록 인도할 것이기 때문이다. 하느님에 대한 어떤 논의도 참으로 계시라 할 만한 가치를 지닌다. 에바그리우스 폰티쿠스가 "당신이 신학자라면 진정으로 기도하십시오. 당신이 진정으로 기도한다면 당신은 신학자입니다"[69]라고 한 것도 아마 그런 뜻일 게다.

묵상은 기도의 테크닉이 아니다. 그럼에도 그것은 우리를 우리 존재의 본성과 중심되고 믿을 만한 사실, 성령의 완전한 깨달음에로 인도하는 엄청나게 단순한 도

---

[68] 요한 3,34 참조. [69] *Chapters on Prayer* 60.

구다. 성령은 우리 마음속에서 '아빠, 아버지'라고 기도하신다. 나는 '단순한'이라고 했지 '쉬운'이라고 하지 않았다. 단순성의 길은 이내 삶을 버리는 어려운 순례 여정이 된다. 우리 모두는 마음속에 성실과 끈기의 공동체, 성령의 인도를 지니고 있다. 자신을 버린 만큼, 아니 백 배나 더 우리는 자신을 되돌려 받는다. 만트라의 위대한 단순성의 결과는 필설로 형언할 길 없는 기쁨이요 헤아릴 길 없는 평화다.

사고의 다양성과 언어의 유동성은 짧은 한 단어, 곧 만트라에서 해결책을 찾는다. 요한 카시아누스는 그것을 "인간 본성에 뿌리내린 모든 감정의 포용"이라고 했고, "우리 모든 사고의 포괄"[70]이라고도 했다. 그것이 우리 안에 뿌리내릴 때 만트라는 우리가 하느님의 인격적인 사랑의 무한한 선물을 보고, 받고, 알 만큼 단순해질 때까지 우리를 인도해 간다. 만트라는 단순성에의 순례를 계속하는 사람에게 예수께서 약속하신 기쁨으로 우리를 인도한다. 그것은 사도 바오로가 필리피 신자들에게 기원한 바로 그 기쁨이다. "주님 안에서 늘 기뻐하십시오. 거듭 말합니다. 기뻐하십시오. 여러분의 너그러운 마음을 모든 사람이 알 수 있게 하십시오. … 주 예수 그리스도의 은총이 여러분의 영과 함께하기를 빕니다."[71]

---

[70] *Conference* 10,10.12.   [71] 필리 4,4-5.23.

3
묵상을 향한 열두 단계

이 장은 묵상의 침묵을 준비하도록 돕는다. 마음을 충만한 평화의 상태, 집중에 이르도록 도우려 한다. 묵상의 방향을 잡아 주고 그 방향은 중심을 향해 있음을 말해 줄 것이다. 중심을 향해 나아가도록 돕고 새로운 시작의 신선함을 잃지 않도록 도와준다. 믿음과 사랑과 열린 마음으로 다시 한 번 순례를 시작할 수 있도록 돕는 것이다. 묵상에 관한 한 우리는 모두 초심자들이다.

여기 열두 단계가 있다. 한 번에 한 단계만 읽고 바로 묵상에 들어라.

가장 조용한 장소를 찾아 바른 자세를 취하라. 허리를 곧추세운 후 고요하고 규칙적으로 호흡하라. 선택한 만트라를 고요히, 평화스럽게, 단순하게 외우라. 끈기 있게, 성심으로 만트라를 반복하기만 하면 된다.

묵상 중의 생각거리를 제공하자는 게 아니다. 끈기와 성심을 유지하도록 용기를 줄 뿐이다. 각 단계에 5분씩 집중하여 이런 식의 묵상을 준비할 수 있다면, 그 또한 본질적으로는 집중이다. 묵상 중에는 사념이나 심상을 버려라. 오직 만트라와 만트라가 인도할 침묵에만 집중하라.

만트라 전통 I

나는 묵상에 대해 말할 때, 묵상이 무엇인지 남보다 빨리 이해하는 사람은 오히려 비그리스도인이거나 심지어 무종교인임을 종종 눈치 채곤 했다. 많은 신자와 사제 그리고 수도자들에게 만트라는 새로 유행하는 수상쩍기 짝이 없는 기도의 한 기법 혹은 이국적인 사기, 그도 아니면 일종의 이완 요법 정도로 여겨지는 것 같았다. 일단 그리스도교적이라 부를 만한 것은 아닌 듯했다. 몹시 슬픈 일이다. 그래서 많은 그리스도인들이 그리스도교 기도 전통의 맥을 놓치고 있었던 것이다. 우리는 기도의 대가들의 체험에서 우러난 조언이나 지혜로부터 더 이상 혜택을 입지 못하고 있다. 그 모든 대가들은 기도의 주체가 우리 자신이 아니라는 데 동의한다. 우리가 하느님께 말을 거는 것이 아니다. 우리는 우리 안에 있는 그분의 말씀을 듣고 있는 것이다. 우리가 그분을 찾는 것이 아니라 그분이 우리를 찾아내신다. 14세기, 월터 힐튼은 이를 명료하게 지적했다. "그대 자신은 아무것도 하지 마라. 그대 영혼 안에서 그분이 활동하시도록 허락하면 될 뿐."[72] 아빌라의 성녀 데레사의 충고도 이에 버금간다. 우리 자신을 준비시키는 것만이 기도할 때 우리가 할 수 있는 일의 전부일 뿐, 나머지는 우리를 인도하시는 성령의 힘에 달렸음을 성녀는 상기시킨다.

우리의 영적 체험을 표현하는 언어는 변한다. 그러나 성령의 실재는 변하지 않는다. 그래서 기도의 대가들의 저작을 읽는 것만으로는 충분하지가 않다. 서로 다른 갖가지 고백을 통해서도 같은 빛을 발하는 하나의 실재를 보기 위해서, 한계는 있겠지만 우리 자신의 체험이라는 준거를 적용할 수 있어야 한다. 가령, 힐튼과 성녀 데레사의 충고는 "우리는 올바른 방식으로 기도할 줄 모르지만 성령께서 … 우리를 대신하여 간구해 주십니다"[73]라는 사도 바오로의 기도 체험과 같은 맥락이다. 이 뜻을 우리 시대의 언어로 풀면 이러하다: 기도하기 전에 먼저 고요해지고 집중할 수 있어야 한다. 그런 후에야, 우리 마음속에 계시는 예수님 성령의 사랑을 알아차릴 수 있다. 여기서, 마치 고요와 침묵이 인

---

[72] *The Scale of Perfection*, Bk II, ch.24 (참고 문헌 참조).

[73] 로마 8,26.

간 영혼의 보편적 요소가 아니기라도 한 듯, "그래, 좋아, 하지만 그건 성인들에게나 통하지, 기도의 전문가들 말이야"라고 말하는 그리스도인들이 여전히 많을지도 모르겠다. 이런 고집스럽고 그릇된 겸손은 사도 바오로가 로마·코린토·에페소의 어떤 사람들에게 편지를 보냈는지를 제대로 알지 못한 데서 비롯되는 것 같다. 그는 가르멜회나 카르투시오회 수도자 같은 전문가들이 아니라, 필부필부匹夫匹婦, 푸줏간 주인, 빵 굽는 사람 등에게 편지들을 보냈다. 그는 후세 대가들의 기도를 위한 어떤 특별한 가르침도 염두에 두고 있지 않았다.

아빌라의 성녀 데레사는, 기도에 진지하기만 하면 아마도 6개월이나 1년이라는 비교적 짧은 기간 안에 그녀가 말하는 '고요한 기도'로 들어갈 것이라고 말했다. 마르미온Marmion 원장은 입회 첫해의 수련기에 '관상기도'의 목표에 이르게 하기 위해 어떤 프로그램을 마련해 두었는지 보여 주었다. 십자가의 성 요한은, 기도 중의 사념이 혼란과 피폐의 명백한 요인이 되기 시작하는 것이 바로 침묵 기도의 준비가 갖추어졌다는 중요한 신호라 말했다. 그러나 겸손을 가장한 자존감도 있다. 그것은 예수님의 속량하시는 사랑에서 멀어지게 한다. 우리는 환자요 죄인이며, 예수님은 치유하러 오셨다는 사실을 마지못해 인정하는 경우가 잦다. 침묵 가운데 우리 자신의 약점과 절대 타자이신 그분을 대면하는 모험보다는 우리 자신을 보호하는 고립을 선호하는 경우도 매우 잦다.

묵상 중에 우리는 스스로 의식의 탐조등을 끈다. 자신의 무가치에 대한 자기중심적 분석을 멈춘다는 뜻이다. 『무지의 구름』 저자는 말한다. "우리와 하느님 사이에 과거의 기억이 계속 떠오르면, 하느님에 대한 우리의 깊은 사랑으로 그것을 결연히 넘어서야 한다."[74] 우리는 기도할 때 그리스도 안에 계시는 하느님을 더 깊이 인식하게 된다. 우리의 방법은 침묵이다. 침묵에 이르는 방법은 만트라의 방법이기도 하다.

---

[74] *The Cloud of Unknowing*, ch.6.

만트라 전통 II

예수님은 자기중심적 저항이 아니라 삶의 충만함을 가르치심으로써 우리가 존재의 경이와 진정한 아름다움을 깨닫도록 하신다. 만트라는 고대 전통이다. 그 목적은 예수님의 초대에 응하자는 것이다.

만트라 전통은 '늘 주님을 찬미하라'는 고대 유다인의 관습에서도, 초기 그리스도 교회에서도 발견된다. 아람어 「주님의 기도」의 짧고 리드미컬한 구절에서나 정교회의 「예수 기도」에서도 찾을 수 있다. "오, 하느님! 이 죄인을 불쌍히 여겨 주십시오."[75] 복음에 기록된 예수님의 기도도 같은 결론에 이르고 있다. 제자들이 "주님, 기도하는 법을 가르쳐 주십시오"라고 청했을 때 그분의 가르침은 단순하기 짝이 없었다. "너희는 기도할 때에

---

[75] 루카 18,13.

위선자들처럼 해서는 안 된다. 그들은 사람들에게 드러내 보이려고 회당과 한길 모퉁이에 서서 기도하기를 좋아한다. 내가 진실로 너희에게 말한다. 그들은 자기들이 받을 상을 이미 받았다. 너는 기도할 때 골방에 들어가 문을 닫은 다음, 숨어 계신 네 아버지께 기도하여라. 그러면 숨은 일도 보시는 네 아버지께서 너에게 갚아 주실 것이다. 너희는 기도할 때에 다른 민족 사람들처럼 빈말을 되풀이하지 마라. 그들은 말을 많이 해야 들어 주시는 줄로 생각한다. 그러니 그들을 닮지 마라. 너희 아버지께서는 너희가 청하기도 전에 무엇이 필요한지 알고 계신다."[76] 겟세마니 동산에서 예수님은 거듭 "같은 말씀으로 기도하셨다"[77]고 묘사되어 있다. 그리고 군중에게 설교하실 때마다 예수님은 '아빠'라는 단어를 입에 올리셨다. 이 단어를 사도 바오로는 예수님의 성령이 마음 깊은 곳에서 영원히 외치는 말이라고 했다.

대가들의 충고는 실제로 단순하다: "만트라를 외시오." "이 짧은 단어를 사용하시오." 『무지의 구름』은 이렇게 권한다. "여러 단어로 기도하지 말고, 단음절의 짧은 단어로 기도하시오. 빨리 이 단어를 마음에 새겨 필요할 때마다 꺼내 쓰시오. 이 단어로써 모든 생각을 억누르시오."[78] 채프먼Chapman 원장은 1920년 미카엘 축

---

[76] 마태 6,5-8.   [77] 마르 14,39; 마태 26,44.
[78] *The Cloud of Unknowing*, ch.7,39.

일에 즈음하여 다운사이드에서 보낸 편지를 통해, 단순하고 깊은 믿음으로 만트라를 사용하는 법을 전해 주었다. 그가 이 만트라를 발견한 것은 스승을 통해서가 아니라 기도 중에 인내하려는 용기를 통해서였다고 한다. 4세기 후반 요한 카시아누스를 통해 수도원에 처음 소개되었고 수도원을 통해 서방에 유입된 불멸의 전통을 그가 재발견했던 것이다. 카시아누스 자신은 이를 사막 교부들에게서 배웠으며, 교부들의 살아 있는 기억은 멀리 사도 시대까지 거슬러 올라간다.

그리스도교 기도에서 만트라의 유구한 전통은 무엇보다 철저한 단순성에서 찾을 수 있다. 그것은 기도 방법에 대한 대가들의 충고에 답한다. 조화롭고 진지한 마음, 영육의 고요로 인도하기 때문이다. 특별한 재능이나 은사를 요구하는 것이 아니다. 진지한 의도와 인내하려는 용기만이 필요하다. 카시아누스는 말한다. "읽을 줄 모른다 하여 마음의 순결을 지키지 못할 사람은 없다. 한 구절을 끊임없이 되풀이함으로써 진심으로 하느님께 집중할 수 있다면, 마음의 순결은 누구에게나 가까이 있다. 소박한 단순성은 결코 장애가 되지 않는다."[79] 우리의 만트라는 고대 아람어 기도다: "마라나타, 마라나타." "오소서, 주님. 오소서, 주 예수님."

---

[79] *Conference* 10,14.

만트라 말하기 Ⅰ

묵상하기를 배우는 것은 만트라를 말하는 훈련이다. 그것은 단순하기 때문에, 만트라 말하기 과정을 이해하기가 대단히 쉽다.

우리가 만트라에 충실할수록 만트라도 우리 안에 더 깊이 뿌리내릴 것이다. 내가 권하는 만트라는 '마라나타'다. 고대 아람어로 '오소서, 주님. 오소서, 주 예수님'이라는 뜻이다. 이 단어를 각 음절마다 같은 강세로, 소리 없이 속으로 읊조려 보라: 마 – 라 – 나 – 타. 우리는 통상 만트라를 말하는 것으로 시작한다. 마치 마음속, 아니 머릿속 어딘가에서 소리 없이 말하고 있는 것 같다. 그러나 좀 더 발전하면 만트라는 우리 의식 속에서 더 친숙하고 덜 낯설며 덜 방해하게 된다. 적은 노력으로도 묵상 중에 만트라에 집중하게 된다. 그런 후에는, 마음속에서만큼 머릿속에서 말하고 있지는 않은 듯 느껴진다. 이것이 만트라가 우리 마음속에 뿌리내리기 시작했다고 볼 수 있는 단계다.

이런 사안에는 어떤 은유도 충분히 만족스럽지는 않겠지만, 묵상 중의 자기 체험이 남들에게도 보편적인 체험일 수 있음을 아는 것도 때로는 도움 되고 안심 될 터이다. 가령, 추가 고요하고 한결같은 리듬으로 흔들리려면 처음에는 약간의 자극이 필요하다. 만트라를 마음속으로 읊조리는 이 단계는 마치 추를 약간 밀어 주는 것과 같다. 이때가 바로 묵상이 제대로 시작되는 순간이다. 우리는 비로소 자신과 거리를 두고 집중하기 시작한다. 이때부터 만트라를 읊조리는 대신 주의 깊게 만트라에 귀 기울인다. 이 순간은, 우리가 산 위로 올라가고 있는데 만트라는 저 아래 계곡에서 소리 내고 있는 단계라고 나의 스승은 말하곤 했다.

묵상은 본질적으로 집중의 기술이다. 산을 높이 오를수록 저 아래 계곡의 만트라 소리는 점점 더 희미해지기 때문이다. 그래도 우리는 더 집중해서 더 진지하게 그 소리를 들어야 한다. 언젠가는 '무지의 구름' 속으로 들어가는 날이 온다. 그 구름 속에는 절대 침묵만 있어 우리는 더 이상 만트라를 듣지 못한다.

그렇다고 어떤 식으로든 묵상의 템포를 강제로 조절해서는 안 된다. 단순한 성심으로 만트라를 외우는 동안 만트라가 의식 속에 자연스럽게 뿌리내리는 과정을 억지로 몰아붙이려는 시도는 하지 말 일이다. '얼마나 진척되었는가? 만트라를 소리 내어 말하고 있는가, 아니면 만트라에 귀 기울이고 있는가?'를 자의식적으로 물어서도 된다. 템포를 억지로 조절하거나 자기가 도달한 발전 단계를 자의식의 눈으로 끊임없이 확인하려 드는 것은 묵상이 아니다. 우리 자신에 집중하고, 우리를 우선하고, 우리에 관해 생각하기 때문이다. 묵상은 온전한 단순성을 요구한다. 만트라를 말함으로써 시작하고 지속하는 가운데 우리는 저 온전한 단순성으로 인도되는 것이다.

만트라 말하기 II

나는 만트라 외우기의 중요성을 여기서도 계속 강조하려 한다. 묵상을 시작하자 바로, 평화의 왕국으로 들어가고 쾌적한 '웰빙'well-being을 체험하며 심지어 행복한 도취감에까지 이르게 되기 때문이다. 그럴 경우 만트라 외우기는 혼란을 야기시키고 만다. 쾌적한 '웰빙' 상태를 잃고 싶지 않기에 현상 유지에 급급하며, 천막을 걷고 산을 오르려는 노력을 더는 하고 싶어 하지 않는다. 만트라 외우기를 그만둔다. 쓸데없이 길고 비창조적인 단계로 접어드는 이가 많다. 더 이상 발전이 없기 때문이다. 의식 확장의 잠재성과 성령의 깊은 인식을 부질없는 경건, 종교적 도취 상태와 맞바꾸고 만다.

4세기 위대한 기도의 대가요 큰 스승인 요한 카시아누스는 이런 위험에 대해 '팍스 페르니치오사'pax perniciosa(유독한 평화)라는 말로 주의를 환기시켰다. 이 말은

'대충 이 정도면 됐다'는 생각이 들 때 마땅히 기억해야 할 무언가를 지적하고 있다. '페르니치오사'는 '파괴적' 혹은 '치명적'이라는 뜻이다. 나는 많은 이들이 기도 중에 이루어야 할 진보를 이루지 못하고 마땅히 되어야 할 자유로운 존재가 되지 못하고 있다고 확신한다. 그것은 그들이 이 파괴적인 무기력 상태를 택하여 산을 오르는 수고스러운 순례 행보를 너무 일찍 포기해 버리기 때문이다. 그리하여 만트라를 끊임없이 외우기를 포기하는 것이다.

묵상을 시작할 때는 분위기가 어떻든 반응이 어떻든 20~30분을 만트라 외우는 데 바쳐야 한다. 한결같이 만트라 외우기에 매달려 진보를 이룬다면, 묵상 시간 내내 어떤 산만함이나 감정이 일어나도 그 소리를 내야 한다. 그러면 만트라가 마음에 뿌리를 내린다. 우리는 쉼 없이 주의를 집중하여 그 소리를 들어야 한다.

나는 묵상에 관한 한 유일하게 본질적인 조언을 거듭 강조한다: **그대의 만트라를 외우라.** 받아들이기도, 따르기도 쉽지는 않을 것이다. 묵상을 처음 시작할 때 우리는 뭔가 즉각적인 신비 체험 같은 것을 얻기 원한다. 그리고 묵상 중에 오는 특별한 첫 체험을 과대평가한다. 그러나 이것은 중요하지 않다. 중요한 것은 만트라에 한결같이 임하는 것이다. 우리를 더 높은 산으로 데려다 줄 원칙에 정착하는 것이다.

시작의 동기에 지나치게 집착할 필요도 없다. 그것은 우리가 아니다. 주도권을 쥐신 분은 바로 주님이시다. 요한 카시아누스도 말했듯이 "그분이 우리 마음의 단단한 부싯돌을 쳐 선의의 불꽃을 당기시는 것"이다. 이제 단순한 마음으로 묵상을 시작하고 쉼 없이 만트라를 외우는 이 겸손한 과제에 충실하도록 하라.

자신을 버리기

"누구든지 내 뒤를 따르려면 자신을 버리고 제 십자가를 지고 나를 따라야 한다."[80] 예수께서 마르코 복음에서 하신 말씀이다. 우리도 이렇게 묵상하려 한다: '절대적으로 근본적인 예수님의 부르심에 순종하기.' 이는 우리 그리스도교 신앙의 토대다. 진실로 그리스도께서 성부께로 돌아가시는 여행에 그분과 함께 동참하기 위해 자신을 버리고 떠나는 것이다.

만트라를 외우는 것은 편협하고 고립된 자기 망상의 모든 한계를 초월하는 데 도움이 된다. 만트라는 존재의 중심을 지배하는 해방의 체험으로 우리를 인도한다. "주님의 영이 계신 곳에는 자유가 있습니다"[81]라고 사도 바오로도 말했다. 우리가 절대 타자이신 그분께로

---

[80] 마르 8,34.   [81] 2코린 3,17.

가고, 우리 마음이 우리 자신을 초월하도록 도움으로써 성령께서는 우리를 이 자유로 이끄신다. 이것이 예수께서 말씀하시는 '자기를 버리고 떠나기'의 의미다.

우리 시대는 자기를 포기한다는 것의 진정한 의미가 무엇인지 모르는 듯하다. 자기 포기는 현대인들에게 익숙하거나 분명히 이해되는 체험은 아니다. 우리 사회의 경향이 주로 자기 발전, 자기 보존, 자기 보호의 중요성을 강조하기 때문인 듯하다. 소비 사회의 물질주의는 '내가 원하는 바'를 삶의 중심에 두고 '타자'는 단지 자신의 즐거움이나 이익이란 관점에서 보는 객체 정도로 만들고 있다. 그러나 타자는 '그 자체를 위하여, 그 자체를 존중하는 마음'으로 접근할 때 진정한 절대 타자가 되는 것이다. 우리는 우리에게 미치는 영향이 아니라 그 자체에 완전한 주의를 기울이는 것을 배워야 한다. 우리가 타자를 객체화하기 시작한다면 그것의 실재, 독창성, 본질적 가치는 우리를 떠난다. 그것은 타자가 아니라 우리 자신의 투사체가 되는 것이다.

예나 지금이나 자기 포기와 자기 부정을 혼동하는 사람이 많다. 그러나 묵상은 우리 자신의 존재를 벗어나려 하거나, 존재적 책임감이나 삶과 인간 관계의 책임감에서 도피하려는 시도가 아니다. 오히려 묵상은 우리 자아의 긍정이다. 이 자아는 존재의 특별한 책임에 한 몫을 담당하는 자아다. 이것 혹은 저것을 원하는 그런 자아가 아니다. 그런 것들은 허상이다. 우리 존재의 중심에서 떨어져 고립될 때, 그런 자아는 시시한 에고ego가 될 터이다. 존재의 중심은 우리의 불변적 자아가 절대 타자이시며 존재의 연원이요 우리 자아의 지지자이신 그분과 완전한 조화를 이루는 곳이다. 우리는 묵상의 침묵 속에서 바로 이 온전한 자아, 진정한 자아를 확인한다.

그러나 폭력을 가하거나 소유·통제하려 해서는 진정한 자아를 확인할 수 없다. 그렇게 해 버리면, 자아에 명령하는 에고, 실재에 지시하는 비실재, 아니면 본말이 전도되는 국면을 맞는다. 이것이 라인홀트 니버R. Niebuhr가 "자아 실현이 의식적인 목표일 때 자아는 스스로를 완전히 깨닫지 못한다"고 말한 뜻이기도 하다. 묵상을 통해 침묵하고 고요해짐으로써 우리는 자신을 확인한다. 우리 자신의 진정한 자아가 점점 더 분명히 드러난다. 영적으로 자연스럽게 성장하는 과정에서 자아의 빛은 우리 존재를 관통하여 발산된다. 우리는 다른 무엇도 하려 들지 않는다. 그저 우리를 우리 자신으로 내버려 둘 뿐이다. 자아를 포기할 때, 우리는 우리를 절대 타자와 관계 맺어 주는 수용성과 자유의 조건에 들게 된다. 이것은 우리가 절대 타자를 긍정적으로 받아들여 굳이 언어로써가 아니라도 '사랑합니다'라고 말할 수 있게 해 주는 그런 조건을 말한다.

우리 자신을 버리고 떠날 때, 자아와 결합된 의식이 나에게서 떨어져 당신에게 향할 때, 비로소 우리는 절대 타자로 향할 수 있고 자아의 이런 움직임도 가능해진다. 자기 망상은 자아를 제한하는 수단이지만, 자아 포기는 그 진정한 목적, 곧 절대 타자에 대한 사랑을 위해 자아를 해방시키는 수단이다. 묵상은 단순하고 자연스런 과정이다. 그것은 우리 마음에 거하시는 예수님의 성령께로 마음을 여는 수용성을 갖추도록 우리의 진정한 자아를 드러내는 과정이다. 이 드러냄은 우리가 사고·언어·심상 같은 의식의 외적 현현을 포기하고 의식 자체의 차원으로 들어갈 때 동터 오는 것이다. 우리는 침묵 속으로 이미 들어왔다. 절대 타자에게로 완전히 돌아섰기 때문에 우리는 침묵한다. 이 온전히 의식적이고 자유로운 침묵 가운데 우리는 침묵에서 나오는 말씀, 하느님 당신의 말씀에 자신을 자연스럽게 연다. 그분 안에서 우리는 존재로 들도록 부름받았고 이 존재 안에서 창조주께서는 우리 자신에게 말을 거신다.

이것이 우리 안에 살아 계시는 말씀이다. 우리의 믿음은 우리가 이 말씀 안에 전적으로 동참해야 한다고 말한다. 그것이 인식을 초월하는 차원에 있을지언정 우리는 영혼의 높이·길이·깊이·폭 안에서 그것을 완전히 알 필요가 있다. 침묵은 너무나 단순하여 어떤 사고나 심상도 표현할 수 없었던 인식으로 우리를 인도한다. 자아를 포기함으로써 우리는 이 침묵에 들고 절대 타자이신 그분께 초점을 맞춘다. 수피Sufi의 시는 말한다. "나는 내 주님을 마음의 눈으로 보았다. 그리고 말했다. '주님, 당신은 누구십니까?' 그분께서 대답하셨다. '너 자신이다.'"

요한 카시아누스

인간의 성령 체험이 본질적으로 언제, 어떤 전통 속에서도 같다는 것이 사실이 아니라면, 복음서나 사도 바오로의 서간들이 오늘날에도 여전히 읽히고 있지는 않을 것이다. 그것은 본질적으로 어제도 오늘도 그리고 영원히 똑같은 분이신 예수 그리스도 안에서 우리를 속량하시는 하느님 사랑과의 동일한 만남이기 때문이다. 이 진리가 오늘날 우리에게 갖는 중요성은, 아무도 남에게 자신을 위한 순례 여행을 시킬 수는 없지만 앞서 순례 여행을 했던 사람들의 지혜와 체험에서 유익을 얻을 수가 있다는 것이다. 당대 동시대인들에게 예수님은 당신의 신심과 인내로 깨달음에 이른 스승처럼 보였다.

그리스도교 역사를 통해 기도하는 사람들은 특수한 사명을 완수했다. 그것은 바로 예수님이 설교하신 성령 안에서의 새로 남과 깨달음이다. 이 사명은 남녀를 불문하고 동시대인들에게 전파되었고 세대를 거듭하면서까지 전수되었다. 이 스승들 중 한 분이 4세기의 요한 카시아누스다. 과연 서방의 영성생활에서 가장 영향력이 컸던 스승들 중 한 분이라 할 만하다. 그는 스승으로서 성 베네딕도와 전 서방 수도원 제도에 영감을 준 사람이다. 그의 중요성은 동방의 영적 전통을 서방의 살아 있는 체험으로 옮겨 놓은 데 있다.

카시아누스의 순례 여행은 자기만의 스승, 기도의 대가, 베들레헴의 자기 수도원에서는 찾을 수 없는 큰 스승을 찾아 나선 데서 시작되었다. 오늘날 수천 명의 젊은이들이 지혜와 권위 있는 인물을 찾아 동방으로 순례를 떠나는 것처럼, 카시아누스와 그의 친구 게르마누스도 4세기에 가장 거룩하고 바로 유명한 영적 인물들이 있던 이집트 사막으로 여행을 떠났다. 『제도』와 『대화집』에서 카시아누스는 성 베네딕도가 『규칙서』에서 남긴 만큼의 뚜렷한 족적을 남기지는 않았다. 그러나 이 『규칙서』가 요한 카시아누스에게 얼마나 많은 빚을 지고 있는지 모른다. 우리는 성 베네딕도처럼 카시아누스도 영을 만나고 있음을 느낀다. 그것은 자신의 가르침의 목표, 곧 자아 초월을 이룬 영이다.

카시아누스의 비범한 자질은 그에게 권위와 솔직함을 부여했다. 그는 귀담아들을 줄 알았고, 들은 것을 자기 것으로 만들어 타인과 나눌 줄 알았다. 그에게 처음으로 기도와 포기의 확고한 결실에 대한 열망을 불지른 분은 거룩한 이삭 원장이었다. 카시아누스는 그의 가르침을 온전히 귀담아들었다. 이삭 원장은 감동적이면서도 진지하게 말했지만, 카시아누스가 첫 번째「대화」에서 이런 결론에 도달한다. "성 이삭의 말을 듣고 우리는 만족했다기보다 오히려 압도당했다고 해야겠다. 그분이 기도의 탁월함을 우리에게 보여 주셨음에도 불구하고, 우리는 여전히 기도의 본성과 그 안에서 지속되는 힘을 이해하지 못했기 때문이다."[82]

그의 체험은 분명, 기도의 영적 가치에 대해 들은 바는 있지만 마음속에서 기도하고 계시는 성령을 진정으로 인식할 수 있는 실천적 도구에 대해서는 여전히 별다른 가르침을 받지 못한 현대인의 체험과 매우 흡사하다. 며칠 후 카시아누스와 게르마누스는 이삭 원장을 다시 찾아가 겸손되이 물었다. "어떻게 기도해야 합니까? 가르쳐 주십시오. 보여 주십시오." 이에 대한 대답은 카시아누스의 열 번째「대화」에 나오는데, 오늘날에도 서구 사회의 기도에 대한 이해에 결정적인 영향을 미치고 있다: 기도는 무엇보다 우리 자신의 가난에 대한 인식과 체험이다. 우리 존재의 연원이신 하느님께 대한 전적인 의존이다. 또한 그것은 예수님 안에서 하

---

[82] *Conference* 9,36.

느님 사랑으로 이루어지는 속량과 풍요에 대한 체험이기도 하다. 이처럼 기도·가난·속량과 관련된 측면들 때문에 카시아누스는 기도 중에 우리가 향유하는 조건을 '위대한 가난'이라 부른다. 카시아누스는 말한다. "끊임없이 외워 강화될 때까지, 온갖 잡다한 생각들을 끊고 거부할 수 있을 때까지, 단순한 구절의 가난에만 집중할 수 있을 때까지 … 마음은 쉼 없이 만트라에 매달려 있어야 한다." 이 가난을 깨닫는 이는 첫째 진복에 쉽게 이르게 된다. "영으로 가난한 이는 복되다, 하늘의 왕국이 그들 것이기 때문이다."[83]

카시아누스에게 영적 삶은 단순한 가난 속에서의 진지한 포기요 이행이다. 포기함으로써 우리는 슬픔에서 기쁨으로, 고독에서 친교로 이행한다. 고행 자체를 목표로 삼았던 이집트의 은수자들과는 달리, 카시아누스에게 고행은 그저 목표에 이르는 하나의 수단에 불과했다. 진정한 목표는 우리를 끊임없이 쇄신시키는 성령을 늘 인식하는 것임을 카시아누스는 분명하게 가르친다. 성령은 죽을 우리 몸에 새 생명을 주신다. 그는 종교 공동체도 개인을 예수님 안에서 모두와 더불어 친교를 나누도록 인식하게 하는 수단이라 보았다. 만트라는 기도를 통해 우리 가난의 성사가 된다. 이와 마찬가지로

---

[83] 같은 책 10,11.

공동체 안에서는 절대 정직이 구성원 상호 간의, 무엇보다 스승과의 관계를 두려움에서 사랑으로 이행하게 만드는 표징이요 수단이 된다.

카시아누스가 거듭 다루는 주제 중 하나는 개인적 성찰의 절대적 중요성이다. 우리는 스스로 자기 존재의 깊이를 통해 인식해야 한다. 가르치기보다 행해야 한다. 행하기보다 존재해야 한다. 무엇보다 우리는 우리 존재의 경이와 아름다움에, 우리 마음속에 계시는 예수님의 인격적 삶의 신비에 완전히 깨어 있어야 한다. 우리는 반의식의 함정, 그가 '유독한 평화'(pax perniciosa), '치명적 잠'(sopor letalis)이라 부른 나쁜한 상태를 단연코 피해야 한다. 우리 시대에 그가 스승으로서 갖는 중요성은 단순성과 솔직함이다. 그는 숭고한 감정과 영적 이상을 지녔다. 그러나 "깨어 기도하여라"[84] 하신 예수님의 가르침을 우리가 어떻게 완수할 수 있을까? 카시아누스는 고대 그리스도교의 기도 전통에서 해답을 취했다. 그것은 우리 자신이 가난하다는 것을 알고, 완전한 자기 포기를 통해 가난의 체험을 기도 중에 심화시켜 가는 것이다. 만트라를 간단없이 사용하는 것이야말로 그가 가르치는 단순한 실천적 수단이다. 그는 하느님 왕국을 실현하고 마음속에 계시는 예수님 성령의 힘

---

[84] 마태 26,41.

을 인식하는 것이 그리스도인의 제일 목표라고 했다. 그러나 우리는 스스로의 노력만으로는 이를 성취할 수 없다. 이에 이르는 방법을 생각해 내지 못한다. 그래서 그가 "마음의 순결"[85]이라고 부르는 더 간단하고 즉각적인 목표를 가지게 되는 것이다. 바로 이것이 우리가 염두에 두어야 할 전부라고 그는 가르쳤다. 나머지는 그냥 주어지는 것이다. 마음의 순결, 충만하고 명징明澄한 인식에 이르는 길은 가난의 길, 만트라의 '위대한 가난'의 길이다.

---

[85] *Conference* 1,4.

그대 마음을 왕국에 두라

왜 우리가 완성되지 못했다고 생각하는가, 왜 우리는 마냥 행복할 수 없는가? 아마도 이런 질문에 대해 우리 대부분은, 본질적 조화·인식·의식·영과 같은 용어를 써서 답하지는 않을 것이다. 오히려 일·인간 관계·건강 따위, 우리 삶의 특수한 모습을 끄집어내어 우리의 행복과 불행이 이들 탓이라 여길 것이다. 삶의 다양한 측면들에 공통분모가 있음을 보지 못하는 사람들이 실제로 많다. 오늘날 우리의 활동 영역들은 평행선을 달리고, 남들이 자기 영역을 침범하는 데 분개한다. 그러다 보니 현대 생활에서 중심·수렴점·통일의 근거가 결핍되는 경우가 잦다. 사람들은 창조적 중심 감각을 잃고 진정한 자아와 만날 수 없게 된다.

우리가 원하고 필요로 하는 바를 하느님께 말씀드리고 우리 태만의 죄를 그분께 상기시켜 드리는 것이 기도라고 여기는 것은 실재로부터 우리를 소외시키는 데 기여할 뿐이다. 예수께서 주신 해방의 메시지는 오히려 이것이다. "무엇을 먹을까, 무엇을 마실까, 또 몸을 보호하려고 무엇을 입을까 걱정하지 마라. 목숨이 음식보다 소중하고 몸이 옷보다 소중하지 않으냐?"[86] 예수님은 삶의 외적 측면에 대한 무책임이나 광적인 무관심을 설파하신 것이 아니다. 믿음, 우리를 창조하셨을 뿐 아니라 매 순간 우리를 지켜 주시는 하느님의 성부성에 대한 절대 믿음의 영을 계발하라고 촉구하시는 것이다. "내일을 걱정하지 마라. 내일 걱정은 내일이 할 것이다"[87]라고 그분은 가르치신다. 지금 이 순간 자신을 깨달아야 한다. 지금 여기가 행복이고 완성이기 때문이다.

타인을 믿는다는 것은 자신을 포기한다는 뜻이고 자신의 중심을 타인에게로 옮긴다는 뜻이다. 이것이 해방이고 이것이 사랑이다. 예수님은 물질적 삶의 염려에 대해 이렇게 말씀하신다. "이런 것들은 모두 이방인들이 찾는 것이다. 하늘에 계신 아버지께서는 이 모든 것이 너희에게 있어야 할 것을 잘 알고 계시다." 그분께서는 제자들에게 당신 아버지의 성부성에 대한 믿음을 가지라고 청하신다. 그저 원하기 때문에 원하는 바를

---

[86] 마태 6,25.   [87] 마태 6,34.

얻을 것이라는 미숙하고 유아적인 가정이 아니다. 하느님을 믿는다는 것은 자신을 완전히 타인에게 돌려세운다는 뜻이고, 할 수 있다면 우리 자신과 우리의 소망 모두를 초월하게 된다는 뜻이다. 이런 초월의 체험에서 우리는 감히 청하고 바라 마지않았던 것 이상을 얻는다. "너희는 먼저 하느님의 나라와 그분의 의로움을 찾아라. 그러면 이 모든 것도 곁들여 받게 될 것이다."[88]

외적 활동의 적절한 순위는 이 모든 활동과 관심의 중심을 의식적으로 다시 접한 후에야 매겨질 수 있다. 이 중심이 묵상의 목표다. 그것은 우리 존재의 중심이다. 성녀 데레사는 이를 두고 "하느님은 영혼의 중심이십니다"라고 말했다. 우리가 이에 접근해 갈 때, 중심은 문을 활짝 열고 하느님 왕국이 우리 마음속에 건설되는 것이다. 이 왕국은 만물에 편재하시는 하느님의 생명이고 현재의 힘이다. 하느님께서 그것을 모든 피조물에게 나누어 주셨다. 요한 카시아누스의 말을 빌리면, "영원의 창조주이신 그분은 인간으로 하여금 불확실하고 사소하며 일시적인 것은 아무것도 당신께 요구하지 않게 하실 것이다."[89] 이는 우리가 인생의 좋은 것들을 즐기는 것을 그분이 원치 않으시기 때문이 아니다. 모든 좋은 것들의 근원인 그분 자신, 선 자체이신

---

[88] 마태 6,33.   [89] *Conference* 9,24.

그분 자신을 선물로 받을 때만 우리는 그것들을 제대로 즐길 수 있기 때문이다. "우리 희망의 토대"라는 사도 바오로의 말이 바로 그분 관대하심의 증거이기도 하다. 그것은 "우리가 받은 성령을 통하여 하느님의 사랑이 우리 마음에 부어졌기 때문"이다.[90]

이것은 몇몇 사람에게만 허용되는 체험이 아니다. 모든 이에게 주어질 수 있는 선물이다. 그 선물을 받으려면 우리 존재의 중심으로 돌아가야 한다. 거기서 우리는 예수님의 성령을 통해 하느님 사랑이 충만한 존재의 연원으로 들어간다.

---

[90] 로마 5,5.

자신의 조화를 깨달음 I

우리 시대의 가장 뚜렷한 특징 가운데 하나는 개인적 신뢰의 근원, 삶의 근거로 어떻게든 돌아가야 한다는 감정이 사람들 사이에 보편적으로 팽배해 있다는 것이다. 우리 자신과의 접촉을 상실하고 자신과 멀찍이 떨어져 살면서 비존재의 나락으로 빠져들 것 같은 두려움이 보편적으로 팽배해 있다. 제임스 조이스James Joyce는 자기 소설 속의 한 인물을 "자기 몸과 멀찍이 떨어져 살았다"고 묘사했다. 놀랍도록 간단하지만 소외에 대한 매우 정확한 진단이기도 하다.

자신과 타인과 자연으로부터 소외감을 느끼는 이유는 물론 많겠지만, 여기서는 특별히 두 가지만 들자. 첫째는 우리의 개인적 책임 회피다. 우리는 다른 누군가가 혹은 무엇인가가 우리의 개인적 결정을 대신하도록 허용하기 때문에 자신과 접촉하지 못하는 것이다.

남들이 관습에 어긋나는 행동을 할 때 우리는 얼마나 자주 '탈선했구나'라는 말을 하곤 했던가! 여기에는 모든 삶이 따라야 할 궤도를 사회가 정립해 준다는 전제가 깔려 있다. 둘째는 우리가 자신에 대해 이미 훈련되고 조장된 방식대로 생각한다는 것이다. 학교·일·가정·가족·오락·교회 등등, 우리는 삶을 지나치게 엄격히 구획 짓도록 훈련받았다. 결과적으로 인격적 전체성에 대한 감각을 잃어버린 것이다. 하느님의 인격적 현존이 만유에 편재하시며 부분적·제한적 현존일 수 없는 것과 마찬가지로, 총체적 인격으로서의 우리도 모든 주어진 행위와 책임에 연루된다.

삶이 복잡성과 세분화로 인해 인격성까지 파괴된 것 같아 현대인은 깊은 혼란에 빠져 있다. 종교인뿐만 아니라 모든 현대인이 이렇게 자문한다. "어떻게 우리 자신을 다시 만날 수 있을까? 우리가 정말 우리 자신의 빛 속에 존재한다는 확실한 인식, 우리 자신에 대한 신뢰감은 또 어떻게 회복할 수 있을까?" 우리가 반드시 묻고 답을 찾아야 할 질문이다. 자신의 존재에 대한 이 근본적 신뢰 없이는 우리를 초월하여 타인을 만날 엄두조차 내지 못할 것이며, 타인 없이는 우리 자신도 온전해질 수 없을 것이다.

지성적 자기 분석으로는 그 해답을 찾을 수 없다. 일종의 보편적 본능이 그렇게 경고한다. 자신을 찾는다는 것은 우리의 본질적 조화와 전체성을 찾는다는 뜻이다. 그리하기 위해서는 우리 존재의 어느 한정된 부분에만 집중해서는 안 된다. 실재란 부분적으로가 아니라 전체로서만 인식될 수 있고, 전체에 대한 이해는 오직 침묵 속에서만 이루어질 수 있다는 것, 이것이 현대인의 특별한 재발견이다. 아니, 전혀 새로운 발견일 수도 있겠다. 오늘날 이 진리는 삶과 사상의 여러 분야에서 발견된다. 추상 예술은 의미가 담긴 언어적 등가물을 무시하거나 포기한다. 화폭에 묘사된 원주민의 미묘한 낯빛은 언어로 표현될 수 없다. 비트겐슈타인L. Wittgenstein은 진리를 표현하는 데 언어가 믿을 것이 못 된다는 것을 어느 누구보다 더 강조했다. 언설이 일종의 무한 퇴행인 것은 한 단어가 다른 단어들을 지시할 따름이기 때문이다. 그냥 따를 용기가 있고 진실로 침묵하기만 한다면, 이것은 우리 모두를 해방시키는 발견이다. 그렇게 할 수만 있다면 그 첫 번째 보상은 우리 자신의 본질적 조화에 대한 깨달음일 것이다. 그 조화는 기도 중에 온 마음으로 집중함으로써 발견된다. 이러한 주의 집중은 사고나 언어나 상상으로 얻을 수 있는 그 어떤 것보다 더 심오하고 진실하다. 자신의 삶을 선물로 여기고 그 삶을 기뻐하며 즐기는 전인全人은 자신을 전체로서 즐길 줄 아는 사람이다. 시편 저자는 이렇게 노래했다. "제가 오묘하게 지어졌으니 당신을 찬송합니다.

당신의 조물들은 경이로울 뿐."[91]

묵상의 과제는 우리의 전체성을 회복하고, 온 데 흩어져 있는 우리의 부분들을 존재의 중심으로 적절히 조화시켜 재정돈하는 것이다. 우리 의식이 (침묵 중에) 진정으로 이 중심에 깨어 있다면, 생명의 힘, 성령의 힘이 솟아난다. 이 힘을 통해 우리는 쇄신되고 재통합되며 재창조된다. 사도 바오로는 말한다. "누구든지 그리스도 안에 있으면 그는 새로운 피조물입니다. 옛것은 지나갔습니다. 보십시오, 새것이 되었습니다."[92] 만트라는 이 중심으로 우리를 데려간다.

---

[91] 시편 139,14.
[92] 2코린 5,17.

자신의 조화를 깨달음 II

앞장 끝 언저리에 나는 현대인들이 언어의 불충분성을 자신에게 되돌아갈 수단으로 차츰 인식해 가고 있다고 말했다. 여기에 반反지성적인 것은 아무것도 없다. 언어가 사람 사이에 중요한 의사소통의 도구가 되지 못한다는 것이 아니다. 사실, 이 책에서 말하는 것이 이것이라면 시대착오가 아닐 수 없을 것이다. 언어가 우리를 궁극적 친교로 인도할 수는 없을지라도, 의식의 호흡을 최초로 이끌어 내는 환경을 제공한다. 언어는 의식을 확장시키고 우리를 침묵으로 인도한다. 그러나 침묵 안에서, 침묵을 통해서만 우리는 온전히 의식적일 수 있다.

이러한 다소 추상적 논점의 예로서, 우리의 인격적 조화라는 주제로 돌아가자. 우리는 생각을 언어로 표현해야 한다. 언어는 단어를 사용한다. 무릇 단어란 그것

말고는 다른 것을 뜻하지 않는 한에서 의미를 가지므로, 인격적 조화에 대해 말하기 위해서는 분석하고 구별하고 구분하지 않으면 안 된다. 인격적 조화의 의미를 나는 통합, 마음과 정신 그리고 몸과 영의 완벽한 협력이라 본다. 그러나 내가 이들을 분리된 실체로 거론한다면, 나는 이들이 각각 독립적으로 활동한다고 생각하는 게 아닌가? 물론 이들이 독립적으로 활동하는 것이 아니라 전체적으로 활동한다는 것은 독자도 알고 나도 안다. 기쁜 소식을 들으면 나는 그 기쁨을 몸으로 느끼고 마음으로 안다. 그 기쁨은 내 영을 확장시킨다. 이 모든 일이 일어나면, 그것들이 모두 어우러져 내게 일어나는 일에 반응하고 얽혀 든다. 내 몸이 내 마음에게 뭔가를 말하고 내 마음이 몸말body language을 통해 나와 소통하는 것이 아니다. 나는 전인全人이고 전체적으로 반응한다.[93]

　우리는, 우리가 전인이고 조화체임을 아는 듯 모른다. 이 인식이 아직 완전한 의식에 이르지는 못했기 때문이다. 아마 우리 존재의 중심에서 온전히 기쁘고 자유롭게 거하는 의식의 조화가 아직은 우리 전 존재를 관통하여 확장되지 못해서일 것이다. 그러려면 자의식으로 편협한 사고와 자기중심적 언어의 장애물을 치워

---

[93] 1코린 12,12-26 참조.

버려야 한다. 달리 말해, 우리는 침묵에 들어야 한다. 진실로 자신을 몸과 마음과 영, 이 셋의 조화로 인식하는 사람은 그의 전 존재를 통해 이 인식을 완전히 의식화하기에 이르렀다 할 것이다. 그러나 현대인은 영을 인식하지 못하고 영과 마음을 혼동하고 있다. 그 결과 기도의 창조적 침묵으로 인도되어 마땅할 피조물이 자신의 균형과 비례 감각을 잃고 말았다. 영의 인식을 회복할 때에야 비로소 우리 존재의 지적 신비를 이해할 수 있다. 우리는 몸과 마음의 양 극단에 매달린 존재가 아니다. 존재 안에서, 존재의 중심에서 우리는 통일의 원리를 가지고 있다. 그것은 바로 영이다. 우리 안에 계시는 하느님의 이미지다.

14세기에 『무지의 구름』 저자는 이렇게 썼다. "이 일(묵상)이 대단한 평정을, 영육의 통합과 순수 상태를 요구한다는 것은 진리다. … 하느님께서는 당신께서 짝지어 주신 영과 육을 갈라 놓는 것을 금하셨다."[94] 우리 존재의 이 본질적 조화를 완전히 의식하는 길은 침묵에 드는 것이다. 묵상은 침묵이다. 그때 우리의 본질, 우리 중심의 조화가 만개하고 우리 존재의 모든 미세한 부분까지 퍼져 나갈 것이다. 『무지의 구름』은 이를 실로 매력적으로 표현하고 있다. "은총이 인간을 관상으

---

[94] *The Cloud of Unknowing*, ch.41,48.

로 이끌어 가면, 인간은 마치 몸까지 변형되는 듯, 본디 추했던 몸조차 사랑스럽게 변모한다."[95]

우리의 본질적 조화가 우리 존재를 통해 확산된다는 것은, 예수님의 영의 기도가 우리 마음에 샘솟아 우리 속에 넘치도록 흐른다는 것을 달리 표현한 말이다. 이것은 예수께서 당신 성령을 보내 주심으로써 우리가 받은 가장 놀라운 선물이다. 그러나 그분은 우리에게 강요하지는 않으신다. 깨닫고 받아들이는 것은 우리 몫이다. 똑똑하고 자기 분석적이어서가 아니라 침묵하고 단순해짐으로써 우리는 그리할 수 있다. 선물은 이미 주어졌다. 우리는 그 무한한 관대함에 마음을 열기만 하면 된다. 만트라는 그 순수한 단순성으로 우리 마음을 열어 준다. 사도 바오로는 코린토 신자들에게 이렇게 썼다. "여러분의 몸이 여러분 안에 계시는 성령의 성전임을 모릅니까? 그 성령을 여러분이 하느님에게서 받았고, 또 여러분은 여러분 자신의 것이 아님을 모릅니까?"[96] 한마디로, 묵상은 그것을 아는 방법이다.

---

[95] 같은 책 ch.54.
[96] 1코린 6,19.

현재의 실제성

미래에 대한 감각이 없었다면 도덕도 양심도 없었을 거라고 누군가 말한 적이 있다. 현재만 보고 오로지 현재 순간에만 살 수 있다면, 우리는 선성善性을 지금 여기서 이룰 수 있을 것이다. 막연한 미래에 회심의 순간을 맡길 재간이 없기 때문이다.

히브리어에는 미래 시제가 없다. 아마 이것이 유다교가 세상에 미친 가장 경이로운 종교적 영향의 하나일 것이다. 하느님의 영원한 현재성 사상은 신구약 전체에 퍼져 있다. 하느님께서는 모세에게 "나는 있는 나다"라고 말씀하셨다. "너는 이스라엘 자손들에게 '있는 나'께서 나를 너희에게 보내셨다' 하여라."[97] 예수께서는 하느님 왕국이 이미 사람들 속에 도래했다고 가르치셨

---

[97] 탈출 3,14.

을 뿐 아니라, 당신 스스로에 대해서도 "나는 아브라함이 태어나기 전부터 있었다"[98]라고 말씀하셨다. 사도 바오로의 증언은 왕국의 현재성 사상으로 점철되어 있다. "지금이 바로 매우 은혜로운 때입니다. 지금이 바로 구원의 날입니다."[99] 이제 로마서 5장 서두의 말씀을 읽고 그가 구사하는 시제에 특히 주목하자.

> 그러므로 믿음으로 의롭게 된 우리는 우리 주 예수 그리스도를 통하여 하느님과 더불어 평화를 누립니다. 믿음 덕분에, 우리는 그리스도를 통하여 우리가 서 있는 이 은총 속으로 들어올 수 있게 되었습니다. 그리고 하느님의 영광에 참여하리라는 희망을 자랑으로 여깁니다.[100]

이 말씀의 요지는 우리가 지금 처한 조건에 주의를 집중하자는 것, 우리 마음을 현재 순간에 한결같이 집중하자는 것임을 알 수 있다.

이 말씀과 사도 바오로 서간 전체의 특별한 주안점은 지금 여기 우리가 처한 조건의 경이로움, 찬란함, 상상할 수 없는 실재성이 너무 압도적이라서 우리의 집중력을 한결같이 유지하기 어렵다는 데 있다. 우리는 지금

---

[98] 요한 8,58.   [99] 2코린 6,2.   [100] 로마 5,1-2.

이 자리에서 하느님 은총 속으로 들어가도록 허락받았다. 예수님은 우리를 위해 길을 여셨고 체험을 통해 우리를 당신의 현재 상태로 통합시키셨다. 그 상태에서 그분은 부활의 생명, 이제는 전 피조물에 널리 퍼진 그 생명 속에서 성부와 영광스럽게 친교하신다. 우리는 하느님 은총 속에 있다. 우리가 그분 계시는 곳에 있고 그분이 우리 있는 곳에 계시는 까닭이다.

인용된 말씀의 끝은 이러했다. "하느님의 영광에 참여하리라는 희망을 자랑으로 여깁니다." 그런데 왜 우리는 하느님의 은총 속에 들기를 미루려는 것일까? 사도 바오로의 언변에 걸려 자기 모순에 빠지고 말았는가? 아니다. 그가 하는 말은 곧 예수님이 하신 말씀이다. "하늘 왕국이 너희에게, 너희 안에 있다." 그러나 이 점을 이해하라: 그대의 의식을 확장시키고 깨달음을 계발해야 한다. 우리는 이미 하느님 은총 속에 있다. 성령께서 우리 마음속에 보내지셨기 때문이다. 그러나 하느님 모상으로 창조되었기에 우리에게는 자아 인식의 소명이 있다. 우리는 예수님이 우리를 위해 이루신 바를 스스로 인식해야 하고, 우리가 이미 인격임을 깨달아야 한다. 묵상의 목적은 우리가 누구인지, 어디에 있는지를 온전히 인식하게 하는 것이며, 언제까지나 미루고 헤매기를 종식시키도록 하는 것이다. 우리는 하느님의 영광이 드러나는 바로 지금 이 순간의 구체적 실재에 안착해야 한다. 침묵해야 한다. 어떻게 하면 지금 여기서 우리 존재의 실재에 끈기 있고 지속적으로 주의를 집중할 수 있는지 배워야 한다. 드 코사드Père de Caussade 신부는 이를 "현재 순간의 성사"라 불렀다. 그리고 이것이 만트라가 우리를 데려가는 곳이고 영원한 현재의 하느님의 영광을 온전히 깨닫는 것이라 했다. 만트라는 우리에게 현재 순간의 성사다.

그리스도인 공동체 I

오늘날 그리스도인들이 예수님의 복음을 확신과 열정으로 선포하지 못하는 이유는 무엇보다, 타인을 위해 사는 것이 우리 존재 의미의 핵심임을 잊고 있다는 데 있다. 교회는 그 자체로 영속하려고, 자신을 위해危害에서 보호하려고, 자신의 안전을 도모하려고 존재하는 것이 아니다. 교회는 하느님의 속량하시는 사랑을 예수님 안에서 깨닫도록 인도하려고 존재한다. 진실로 남을 위해 존재하는 한 교회는 불멸하고 승리한다. 예수께서 제자들에게 말씀하셨다. "너희는 세상의 빛이다. 산 위에 자리 잡은 고을은 감추어질 수 없다. 등불은 켜서 함지 속이 아니라 등경 위에 놓는다. 그렇게 하여 집 안에 있는 모든 사람을 비춘다. 이와 같이 너희의 빛이 사람들 앞을 비추어, 그들이 너희의 착한 행실을 보고 하늘에 계신 너희 아버지를 찬양하게 하여라."[101]

예수님에 관해, 영의 실재에 관해 우리가 하는 말들을 세상이 믿지 않는다면, 그것은 우리가 정말 그것을 믿고 알고 있다는 것을 세상이 믿을 수 없기 때문이 아닐까? 세상 속에서 교회의 이미지를 바꾸는 데 전념하고, 그 효과가 어떨지, 어떤 인상을 줄 것인지 줄곧 생각하는 것만으로는 부족하다. 우리는 교회의 이미지를 변화시키는 데서 시작하면 안 된다. 하느님 모상인 우리 자신을 재발견하는 데서 시작해야 한다.

방법은 하나뿐이다. 그것은 빛을 발산하는 본질적인 수단이며 그것으로 교회가 모든 신자들에게 위임되어 있다. 그 방법이 바로 기도다. 모든 경우가 다 그렇듯이, 수단은 목표에 적합해야 한다. 우리 그리스도인 공동체는 자신을 위해서가 아니라 타인을 위해서, 궁극적으로는 절대 타자이신 그분을 위해서 존재한다. 우리는 기도 중에 절대 타자를 위해 존재하는 우리 자신을 찾아야 한다. 우리가 그분에 의해 창조되었고 그분으로 인해 존속할 수 있음을 체험하기 때문이다.

우리는 기도를 통해 하느님을 있는 그대로 두며, 있는 그대로의 그분 존재 안에서 기뻐한다. 그분을 조종하려 들지 않으며 그분에게 열변을 토하지도, 아첨을 늘어놓지도 않는다. 우리의 잘난 언사로 그분을 없애거

---

[101] 마태 5,14-16.

나 규정하지도 않는다. 다만 경배할 뿐이다. 그분의 가치를 인식함으로써 그분 모상대로 창조된 우리는 — 하느님의 아들로서 — 그분의 가치를 공유한다는 것을 발견하게 된다.

사랑하는 사람과 함께할 때, 깊은 슬픔이나 아픔을 겪을 때, 사는 동안 언젠가 한 번쯤은, 침묵에 특별한 힘이 있음을 체험한다. 삶의 의미심장한 순간에 침묵은 자연스레 온다. 우리가 진리와 직접 대면한다는 느낌을 갖기 때문이다. 그때, 말은 우리를 미혹시키고 그 진리의 의미를 온전히 깨닫는 것을 방해한다. 이 진리를 드러내고, 표면으로 떠오르게 하며, 보이게 하는 것이 침묵의 힘이다. 그것은 제때 제 방식으로 자연스럽게 이루어진다. 우리는 이 진리를 드러내는 것이 우리 책임이 아니라는 것을 알지만, 그것이 우리에게 개인적인 의미가 있다는 것도 안다. 우리는 진리가 우리 자신보다 더 위대하다는 것을 알고 뜻하지 않게 우리 안에서 겸손을 발견한다. 겸손은 진실로 주의 깊은 침묵으로 우리를 인도한다. 우리는 진리를 있는 그대로 둔다.

그러나 우리 모두 안에는, 다른 사람을 통제하고 진리의 순간을 흐릿하게나마 알아챌 힘을 무산시키며, 그 타자성을 중립화하고 우리 자신의 정체성을 강요함으로써 그것의 변화시키는 힘을 차단하도록 부추기는 뭔가도 있다. 엄밀히 말해서 우상숭배 죄는 우리의 상상과 유사성으로 우리 나름의 신을 창조하는 것이다. 우리와 하느님의 외경스런 차별성을 만나는 대신, 우리의 심리적·정서적 상상으로 그분의 모형 장난감을 만드는 것이다. 그런다고 물론 그분에게 해가 미치는 것은 아니다. 비실재가 그분에게 힘을 행사하지는 못하기 때문이다. 그러나 우리는 금송아지의 거짓 광채로 겸손의 잠재적·신적 영광을 무력화시키고, 자신의 가치를 떨어뜨리며, 우리를 피폐시키는 것이다. 진리는 이보다 훨씬 더 흥분되고 멋진 것이다. 하느님이 우리 의식의 투영일 뿐만 아니라 우리도 그분의 투영이다. 그분의 심상이다. 그분의 아들이자 우리 형제인 예수님과 합일하면 그리된다. 이 진리의 체험에 이르는 방법이 묵상의 침묵 가운데 있다.

그리스도인 공동체 II

우리가 하느님을 우리한테 맞게 재단하고, 거기에 우리의 정체성을 억지로 끼워 맞추듯, 타인에게도 그렇게 한다. 하느님께 그렇게 하는 것은 타인에게도 그렇게 하는 것이며, 타인에게 그렇게 하는 것은 하느님께도 그렇게 하는 것이다. 이 말을 뒤집으면 바로 사도 요한의 말이 된다. "누가 '나는 하느님을 사랑한다' 하면서 자기 형제를 미워하면, 그는 거짓말쟁이입니다. 눈에 보이는 자기 형제를 사랑하지 않는 사람이 보이지 않는 하느님을 사랑할 수는 없습니다. 우리가 그분에게서 받은 계명은 이것입니다. 하느님을 사랑하는 사람은 자기 형제도 사랑해야 한다는 것입니다."[102] 요한 사도의 말을 똑똑히 이해하자: 우리는 하느님**만** 사랑하거나 이

---

[102] 1요한 4,20-21.

웃**만** 사랑할 수는 없다. 양쪽 다 사랑하든지 어느 쪽도 사랑하지 않는다. 사랑이란 다른 사람의 타자성을 기뻐하는 것이다. 이 인식의 깊이가 타인과의 친교의 깊이인 까닭이다. 이 친교 안에서는 진정한 자아와 진정한 타아의 발견이 동일한 것이다. 따라서, 함께 사는 사람들 속에서 우리와 표면적으로 유사한 대상을 찾아내는 것이 아니라, 오히려 그들 속에서 우리의 참 자아를 찾아내는 것이다. 우리의 참 자아는 우리가 전적으로 타인을 향해 설 때만 드러나고 실현되는 까닭이다.

묵상 중에 우리는 전 존재를 절대 타자이신 그분에게로 돌려세우는 능력을 키워 나간다. 우리가 하느님을 있는 그대로 두기를 배우듯이 우리 이웃도 그리하기를 배운다. 우리는 이웃을 조종하는 대신 이웃을 존중하고, 이웃의 중요성과 그 존재의 경이를 존중하는 것을 배운다. 다른 말로, 우리는 그를 사랑하는 것을 배운다. 그러므로 기도는 공동체의 훌륭한 학교다. 공동의 진정성과 기도 중의 인내를 통해 우리는 그리스도인 공동체의 진정한 영광을 기름 부음 받은 형제애로 깨닫게 된다. 우리는 서로를 깊이 사랑하고 존경하면서 함께 산다. 본질적으로, 그리스도인 공동체에서는 우리가 남을 존중하고 남도 우리를 존중하는 것을 체험한다. 이러한 상호 존중은 신자 공동체의 각 구성원을 성령의 파장에 예민하게 조응시킨다. 우리 각자를 사랑의 충만으로 부르시는 바로 그 성령이시다. 나는 내 마음속에 살아 계시고 내 진정한 자아를 이루시는 그 성령을 타인에게서 인식한다. 타인을 인식한다는 것은 내 마음을 다시 꾸리고 내 의식을 확장시키는 것이다. 그럼으로써 타인은 진정으로 있는 그대로의 존재, 내가 조작한 영역이 아니라 진정한 자아로 들게 된다. 그는 자신의 통합된 실재로부터 행위하지, 내가 상상으로 만든 이미지를 지니지 않는다. 각자 무한히 사랑할 능력, 중요성, 본질적으로 고유한 실재를 상호 인식함으로써, 우리 생각이나 원칙이 상충될 때조차 역동적 균형과 통일성을 견지한다.

그러므로 그리스도의 신비체가 서로 지지하고 감내하는 동력은 각자의 본질적 존재의 실현이라는 창조적 목표를 지닌다. 진정한 공동체는 각자를 참된 자아의 빛으로 끌어들이는 과정에서 생겨난다. 이 과정에서 삶의 기쁨, 절대 존재의 기쁨을 우리가 타인과 공유하는 심화된 체험으로 공유한다. 우리는 사랑의 믿음 안에서 그 충만성을 점점 더 많이 발견한다. 이 공동체의 본질은 타인에 대한 인식과 깊은 존중이다. 묵상은 이 본질에 참여하는 것이다. 그것이 전적으로 절대 타자이신 그분, 우리 마음속에 성령으로 계시는 그분께 향하도록 우리를 인도하기 때문이다. 타자성의 충만된 표출과 모든 것과의 친교는 경건한 침묵에서 이루어진다. 우리는 이제 너무 완벽하게 타인에게 주의를 집중하기에 자신에 대해서는 침묵하고 타인이 말하기만 기다린다. 만트라는 우리 안에 왕국을 세운 침묵의 더 깊은 의식으로 우리를 안내한다. 그리고 우리가 기다리는 동안 우리를 지지해 준다.

권하는 책

아래는 권하고 싶은 책에 대한 짧은 목록이다. 묵상으로의 순례 여행을 지속할 영감을 주기 위해서다.

순례 여행은 교사와 공동체의 맥락 안에서 이루어지는 것이 이상적이다. 그러나 보편적 공동체 안에서 형성되고 축적된 지혜와 통찰이 세대를 초월하여 이어짐을 깨닫는 것도 중요하다. 여기 거명되는 저자들은 기도의 대가다. 그들의 목표는 대리 체험을 제공하는 것이 아니라, 가능한 한 각자에게 부여된 소명에 각 개인이 온전히 응답하도록 인도하는 것이다.

1. 신비 전통에서 가장 간결하고 실천적이며 균형 잡힌 안내서는 익명의 14세기 작가가 쓴 『무지의 구름』*The Cloud of Unknowing*이다. 영어 원본은 활기 있고 생기 넘치며 번역하기 힘든 묘한 맛이 있다. 가장 좋은 현대어 번역본은 윌리엄 존스턴William Johnston의 것이다. 여기에는 같은 저자의 다른 작

품 『내밀한 상담서』*The Book of Privy Counselling*와 탁월한 해제도 수록되어 있다.

2. 『무지의 구름』의 종교적·역사적 맥락에 대한 가장 훌륭한 입문서는 데이빗 노울즈David Knowles의 『영국 신비 전통』*The English Mystical Tradition*이다.

3. 5세기에 씌어진 요한 카시아누스의 『대화집』*Conferences*은 신비 전통과 서구 그리스도교 전체 역사의 기초를 제공한다. 이 책은 진정한 생명력을 지니고 우리 시대의 요구에 시의 적절하게 부응한다. 기도에 관한 카시아누스 가르침의 핵심은 두 개의 뛰어난 「이삭 원장과의 대화」, 즉 「대화」 9와 10에 잘 나타나 있다.

4. 우리 시대에 가장 영감을 주는 책 중 하나는 아뷔쉬크타난다Abhishiktananda의 『사키다난다』*Saccidananda*다. 그는 인도에서 그리스도교적 체험을 살았던 베네딕도회 수도승으로, 1973년에 선종했다. 이 책은 그리스도교 체험의 온전히 개인적이면서도 보편적인 본성을 명약관화한 개인적 권위로 선포하고 있다.

참고한 책

1. Abhishiktananda, *Saccidananda* (*A Christian Approach to Advaitic Experience*), Delhi: I.S.P.C.K. 1974.

2. *Rule of St Benedict*, Latin text critical edition Cuthbert Butler, Freiburg: Herder 1912.

3. *New English Bible*, Oxford University Press with Cambridge University Press 1970.

4. John Cassian, *Institutes and Conferences*, translated by E. Gibson in 'A Select Library of Nicene and Post-Nicene Fathers of the Christian Church', 2. Series, vol. XI. Michigan: Wm B. Eerdmans Publishing Co. 1973.

5. *The Cloud of Unknowing*, ed. E. Underhill, Stuart and Watkins, London 1970 (original). Tr. William Johnston, New York: Image Books 1973.

6. Walter Hilton, *The Scale of Perfection*. Translated by Leo Sherley-Price, Penguin 1957. A good modern selection is by Illtyd Trethowan OSB, London: Geoffrey Chapman 1975.